놀이로 생각의 힘을 키우는
엄마표 사고력 수학

놀이로 생각의 힘을 키우는 **엄마표 사고력 수학 1권**

초판 1쇄 발행 2021년 7월   1일
초판 3쇄 발행 2021년 9월 30일

지은이 | 장연희
펴낸이 | 유성권

편집장 | 양선우
책임편집 | 고혜림
편집 | 신혜진, 윤경선, 임용옥
해외저작권 | 정지현
홍보 | 최예름, 정가량
디자인 | 박상희, 이시은
표지 일러스트 | 홍화정
본문 일러스트 | 미누지
마케팅 | 김선우, 강성, 최성환, 박혜민, 김민지
제작 | 장재균
물류 | 김성훈, 강동훈

펴낸곳 | ㈜이퍼블릭
출판등록 | 1970년 7월 28일, 제1-170호
주소 | 서울시 양천구 목동서로 211 범문빌딩(07995)
대표전화 | 02-2653-5131
팩스 | 02-2653-2455
메일 | loginbook@epublic.co.kr
인스타그램 | www.instagram.com/book_login
포스트 | post.naver.com/epubliclogin
홈페이지 | www.loginbook.com

· 이 책은 저작권법으로 보호받는 저작물이므로 무단전재와 복제를 금지하며 이 책 내용의 전부 또는 일부를 이용하려면
  반드시 저작권자와 ㈜이퍼블릭의 서면 동의를 받아야 합니다.
· 잘못된 책은 구입처에서 교환해 드립니다.
· 책값과 ISBN은 뒤표지에 있습니다.

로그인 은 ㈜이퍼블릭의 어학·자녀교육·실용 브랜드입니다.

놀이로 생각의 힘을 키우는

엄마표
사고력 수학

장연희 지음

두매쓰 1권
예비초등~초2

로그인

저자의 말

아이들의 수학 기초,
왜 엄마가 6, 7, 8세에 잡아줘야 할까요?

우리는 인공지능이 점점 똑똑해져 가며 인간의 일을 상당부분 대신하는 장면을 매일 지켜보고 있습니다. 인공지능은 많은 데이터를 스스로 학습하며 문제에 맞는 적절한 답을 도출해 내지요. 이와 같은 일이 가능한 이유는 인공지능이 기본적으로 수학의 체계를 토대로 하고 있기 때문입니다. 사람에게도 인공지능에게도 수학은 세상을 이해하고 문제를 해결하기 위한 커다란 밑바탕이 됩니다.

영어는 혀가 모국어로 굳지 않은 10세 미만부터 배워야 수월하게 배울 수 있다고 하지요. 수학도 다르지 않습니다. 사고가 굳기 전에 사물을 수학적으로 생각하고 문제 상황을 논리적으로 해결하는 데 필요한 기초 개념을 알아야 합니다. 그래야 훗날 수포자(수학 포기자)의 길로 들어서지 않도록 막을 수 있습니다. 그리고 그 적기는 바로 6, 7, 8세입니다.

저는 수학을 평생 가르쳐 온 사람이지만 사실은 4말 5초 수포자였습니다. 이 말은 제 수학 흑역사의 시작을 간략하게 설명해 주는 단어입니다. 4학년 말에 등장한 분수부터 어렵게 느껴지기 시작하더니, 5학년 초에는 최대공약수, 최소공배수가 어려웠고, 통분/약분과 분수 연산, 급기야 소수점 이동이 어려워졌어요. 그리고 서서히 수포자 대열에 들어서게 되었지요. 제가 어렸을 때는 아이들이 공부에 얽매이기보다 산으로 들로 뛰어다니며 놀곤 했습니다. 그 시간은 제 인생에서 가장 아름다운 순간으로 남아 있습니다. 그런데 한편으로는, 앞으로 인생에서 수학도 하고 힘든 입시도 준비해야 한다는 사실을 알고 있는 어른들이 다른 과목은 몰라도 수학만큼은 어릴 때 좀 챙겨 줬더라면 얼마나 좋았을까 하는 생각이 듭니다. 비록 훗날 꾸역꾸역 두 배로 수학을 공부해서 아이들을 가르치는 선생님이 되었지만 말이지요.

제가 겪은 과정은 사실 수많은 아이들이 지금도 여전히 겪고 있는 문제이기도 합니다. 수학적 기초가 탄탄히 자리 잡지 않은 아이들이 자칫 빠지기 쉬운 수학적 구멍이 4말 5초(초등학교 4학년 말, 5학년 초)에 턱하니 자리잡고 있습니다. 거기에 속절없이 빠지는 아이들이 많은데, 이런 아이들의 특징은 6, 7, 8세에 부실한 수학 기초 실력을 갖고 있더라도, 4말 5초까지는 그럭저럭 버틴다는 겁니다. 그러고는 4말 5초, 정확히 그 시점을 전후로 무너지기 시작하지요. 문제가 의미하는 바를 모른 채, 더하기와 빼기 문제부터 들입다 푸는 아이는 언젠가는 수학에 질려 버리게 마련입니다. 게다가 학년이 올라갈수록 수학적 용어나 기호는 물론, 문제의 구조가 점점 복잡해집니다. 이런 상태를 그때그때 해결하지 못하고 무턱대고 공부한 아이는 학년이 올라갈수록 자신감이 떨어지고 수학을 싫어하게 되지요. 안타깝게도 이런 현상은 고등학교까지 더욱 심화되곤 합니다.

수학을 싫어하는 아이들의 학년별 현상

- **초등 저학년**: 부실한 수학 개념이 형성되더라도 문제 해결에는 큰 지장이 없어 보임
- **초등 고학년**: 수학을 점점 어려워하거나 싫어하고 응용문제를 잘 해결하지 못함
- **중학교**: 부모나 본인의 노력에 관계없이 성적이 잘 오르지 않음
- **고등학교**: 수학을 포기하거나 끝없는 보충, 과외, 학원 전전

위의 표는 수십 년간 아이들에게 수학을 가르치면서 파악하게 된 악순환의 패턴을 정리한 것입니다. 이 표가 의미하는 바는 결국 적절한 시기에 기초를 탄탄히 하는 게 더하기 빼기를 무작정 반복하는 것보다 더 중요하다는 것이죠.

놀이에 치우쳐 소홀하기 쉬운 진짜 수학 개념을 잡아 주세요

이 책의 형식은 '놀이'를 통한 학습입니다. 아이들이 놀이나 활동을 통해 자연스럽게 우리 주변의 수학적 개념들을 익힌 후에 그 개념을 머릿속에 또렷하게 남길 수 있게 해 준다면, 그것이야말로 가장 이상적인 학습 방법일 것입니다. 그래서 공교육과 사교육 현장에서 수십 년간 아이들을 가르치며, 그에 관한 효과적인 방법과 교재를 연구하는 데 힘써 왔습니다. 아이들을 대상으로 다양한 수학적 놀이와 활동, 그에 연계된 문제 풀이를 진행해 보고, 피드백을 얻어 개선해 나가는 과정을 거듭했지요. 그렇게 얻은 가장 효과적인 결과물들을 모은 것이 바로 이 책입니다.

이 책에 제시된 활동은 초등 저학년까지의 기본 수 개념, 연산, 단위에 대한 전반적 이해를 도와주고, 추리력 및 사고의 민감성, 창의성, 융통성, 집중력을 촉진해 수학 공부에 필요한 기초 능력을 탄탄하게 다져 줍니다. 놀이를 통해 수학에 다가가고, 수학을 통해 사고활동을 활발하게 하는 것이 이 책의 목적이지요. 손과 몸을 정교하게 움직이는 놀이를 통해 아이의 소근육을 발달시키는 효과도 있습니다.

그러나 이 책이 아이들에게 궁극적으로 심어 주고자 하는 것은 '수학적 개념'이라는 점을 확실히 해 두고 싶습니다. 놀이를 통해 수학을 배울 때 아이와 부모들이 빠지기 쉬운 함정이 있습니다. 수학적 개념에 도달하려는 노력보다 '놀이' 그 자체에 얽매이는 것입니다. 그러다 보면, 부모도 아이도 놀이가 주는 '재미'에 치우치기 쉽습니다. 재미에 초점을 둔 아이는 놀이를 하다가 조금이라도 흥미가 떨어지거나 어려운 부분을 접하게 되면 금방 싫증을 내고, 수학 학습이 지루한 것이라고 단정지어 버립니다.

또한 놀이로 형성한 수학 체험을 정교한 개념으로 연결시키지 못하면, 아이에게는 그저 재미있었던 추억으로 남을 뿐입니다. 그리고 정작 단단한 수학 개념이 요구될 때는 쩔쩔매고 빈약한 사고를 하게 되지요. 놀이 수학, 체험학습 등 이른바 이상적인 교육을 전전한 아이들이 돈과 시간과 정성을 그토록 쏟아부었음에도 불구하고 수학을 썩 잘하지 못하는 이유가 바로 거기에 있습니다.

엄마들의 입장을 들어 보면, 한편 이해가 가기도 합니다. 수학을 맹목적으로 공부하는 바람에 수포자가 된 본인과는 다르게 '내 아이는 의미 없는 반복 학습이 아니라 놀이로 접근하여 사고를 풍성하게 한 다음 나중에 공부를 시키겠노라' 하는 나름의 확신이 있기 때문입니다. 그래서 두려운 수학을 어떻게든 '재미'로 포장해서 아이가 쉽게 접근할 수 있도록 하는 데 치중합니다. 그러나 엄마가 정말 초점을 둬야 할 부분은 '놀이가 정교한 수학 개념으로 이어지도록' 하는 것입니다. 모든 과목이 그렇듯이 수학도 어느 순간엔 즐겁다가, 어느 순간엔 그렇지 않을 수도 있습니다. 아이도 부모도 모두 이 점을 직시해야 합니다. 게다가 놀이는 '수학의 개념'에 좀 더 쉽고 친숙하게 접근하기 위한 좋은 방편일 뿐, 배움의 목적이 아닙니다.

이 책에서 제시하는 대로 조금씩 꾸준히 엄마표 사고력 수학 활동을 실행해 보세요. 그러다 보면 아이는 결국 놀이 자체가 주는 즐거움보다 수학을 알게 되는 배움의 즐거움이 훨씬 크다는 것을 강렬하게 느끼게 됩니다. 그 과정에서 아이가 간혹 재미를 느끼지 못하는 모습이 보이더라도 너무 연연하지 말고 매일 꾸준히 실천해 나갈 수 있게 다독여 주고 격려해 주시기 바랍니다.

이 책의 구성과 활용 방법

이 책은 '놀이 수학'이라는 형식을 토대로 하지만, 그 안에는 명료한 수학 개념과 그것을 수식으로 나타내는 논리적인 과정이 포함되어 있습니다. 따라서 엄마가 이 놀이의 구조가 수학적으로 어떤 개념을 나타내는지 명료하게 숙지한 상태여야 아이에게 제대로 놀이 수학을 가르칠 수 있습니다.

책에 제시된 수식은 아이에게 외우게 하거나 이해를 강요하지 마세요. 이 책에 적어 둔 간단한 수식은 부모의 이해를 돕기 위한 것이지, 아직은 어린 아이가 그 수식을 따로 외울 필요는 없습니다. 각 파트의 놀이를 통해 수학적으로 개념을 터득한 다음, 파트의 마지막 부분에서 관련된 연습문제를 푸는 활동을 통해 아이가 자연스럽게 개념을 정리하고 응용력을 기를 수 있도록 했습니다.

단, 활동 자체가 연습문제를 포함하는 경우에는 따로 연습문제를 두지 않았고 난이도가 높다고 여겨지는 문제나 활동은 '불닭문제'나 '불닭활동'으로 표시해 놓았습니다.('불닭문제'는 아이가 스스로 더 풀고 싶어할 때만 풀게 하세요.) 놀이 활동이나 연습문제에는 중간중간 '도움말(Tip)'을 삽입하여 엄마가 아이를 가르치는 데 필요한 유용한 조언을 참고할 수 있도록 했습니다.

문제의 상황이나 조건이 다양하게 바뀌더라도 그 이면의 구조가 같음을 알아내는 것이 수학에서는 매우 중요합니다. 또한 수학적 개념이 우리 주위의 다양한 상황에서 실제로 쓰일 수 있음을 아이들이 이해하는 것이 매우 중요합니다.

구조와 개념을 이해하지 못한 채 단순히 수학적 활동을 이것저것 많이 하는 데만 그치면, 아이는 이 활동과 저 활동의 차별점이나 유사점을 인지하지 못하고 놀이가 주는 재미에만 치중하기 쉽습니다. 반면 개념을 이해한 아이는 놀이 그 자체보다 수학적 사고가 가져다주는 명쾌함, 엄청난 응용 가능성을 즐기게 되고, 관련된 문제나 활동을 능숙하게 풀어냅니다. 그리고 대부분 엄마들보다 아이들의 수학적 직관력이 훨씬 더 월등합니다.

일단 머릿속에 수학적 구조가 확립되면, 아이는 스스로 진화하여 책에 주어진 활동을 더 복잡하거나 더 간단하게, 혹은 난이도를 더 올리는 등 다양한 형태로 응용하여 진행하기도 합니다. 이렇듯 구조를 알고, 개념을 이해한다는 것은 결국 뇌에 수학 엔진을 장착하는 것과 같습니다.

이 책에 나오는 예시들은 대부분 같은 수를 사용했습니다. 그 이유는 반복되는 활동을 통해 머릿속에서 수학 문제의 구조와 개념이 완성되면 저절로 응용력이 길러지는 것을 아이 스스로 체험할 수 있도록 하기 위함입니다.

놀이를 통한 학습을 하는데 왜 고루하고 구태의연한 방법인 '문제 풀이'가 뒤따르는지 누군가는 의아해 할 수 있습니다. 그러나 이런 생각은 놀이가 항상 재미있어야 한다는 강박에서 비롯된 것일 수 있습니다. 사실 수학 놀이의 즐거움은 '어려운 문제에 직면해서도 풀어낼 수 있는 즐거움'으로 이어져야 진정한 의미를 갖게 됩니다. 그러므로 놀이 활동 후에 풀어야 할 문제가 없다면 그것이야말로 팥앙금 없는 찐빵과 같을 것입니다.

이 책에 나온 활동들을 반드시 순서대로 진행할 필요는 없습니다. 필요한 개념이나 아이가 흥미를 보이는 활동을 골라서 활동해도 무방합니다. 그 이유는 수학 학습 과정을 등산과 비교해 보면 금방 알 수 있습니다. 수학은 처음부터 꾸준히 해야 한다는 점에서는 등산과 같아 보이지만, 사실 진행 과정이 전혀 다릅니다. 등산은 A 지점을 지나야 B 지점이 나오는 순차적 진행 과정을 거칩니다. 그러나 사고가 발달하기 시작하는 아이들이 수학을 배울 경우, 어떤 깨달음 하나를 얻으면 이제껏 몰랐던 다양한 것들의 인과관계나 상관관계를 파악하고 단숨에 이해하기도 하고, 어려운 문제를 만나면 그동안 축적해 둔 사고력을 동원해 기상천외한 방법으로 해결하기도 합니다.

결국 두 지점 사이를 평면적으로 이동하는 등반가가 되는 것이 아니라 수학 정글을 거침없이 누비는 타잔이 되는 것이지요. 그렇다고 기초를 무시하고 건성건성 공부해도 된다는 뜻은 아닙니다. 다만, 곱셈의 역

사고가 나눗셈이므로 두 개념을 동시에 다루어도 된다는 뜻의 이야기입니다. 이것을 가능하게 하는 방법은 바로 재미있는 수학 놀이 활동과 그것의 수학적 정리를 동시에 하는 것입니다.

즐겁게 놀이하며 개념을 체험적으로 익히고, 문제를 피하지 않고 용감하게 직면해서 꾸준히 풀어 나가는 태도야말로 아이가 수학적으로 사고하기 위해 길러 줘야 할 귀중한 습관일 것입니다. 이 책을 통해 아이와 엄마가 매일 다양한 방식으로 사고하며, 문제를 해결하고, 또 다른 질문을 던져 보는 수학적 습관의 즐거움을 알게 되기를 바랍니다.

끝으로, 여러모로 지도해 주신 이광복 교수님과 오랫동안 나를 믿고 따라 준 제자들, 작업을 도와준 이혜경 선생님, 정지연 선생님, 최희영 선생님과 혜성이·태현이에게 고마움을 전합니다. 또한 "소장님 힘내세요."를 날마다 외치는 학부모님들과 말없이 지켜봐 주는 가족들에게 깊은 감사의 마음을 전합니다.

2021년 여름, 두매쓰에서

장연희

목 차

저자의 말 • 아이들의 수학 기초, 왜 엄마가 6, 7, 8세에 잡아줘야 할까요? • 4

수학의 시작, 약속

1 이런 것도 기호일까? • 17
- 만국 공통언어, 보디랭귀지 / 표지판도 말을 할까?
  / 여행길에서 만난 기호 / 약속 기호 만들기
- 연습문제(손동작과 표지판)

2 수와 숫자는 같을까? • 22
- 간단히 하기 / 내 기호를 맞혀 봐!
- 연습문제(바닷속 친구들)

3 기호야 놀자 • 30
- 더하기와 빼기(+, −) / 크다, 작다, 같다(>, <, =)
- 연습문제(네모 안에 기호 넣기)

4 자릿수가 필요해 • 35
- 어부와 물고기(동화로 수학 개념을 배워요)
  / 알갱이를 쉽게 세려면?(묶어 세기)
- 연습문제(자리표 보고 숫자 쓰기)

5 어이쿠 이것도 진법이네 • 44
- 자동차 바퀴와 시간과 요일
- 연습문제 / 불닭문제(자리표 보고 더하기 빼기)

PART 02 창의성의 첫걸음, 연산

6 색깔에도 연산이? · 49
- 투명 플라스틱판과 셀로판지 활동
- 연습문제(손전등으로 비춰 보아요)

7 떠나 볼까? 연산 여행 · 52
- 우리가 만나(이야기 수학동화)
- 연습문제 / 불닭문제(더하거나 빼면 새로운 것이 돼요)

8 커튼을 올리면? · 58
- 가림막 커튼으로 나만의 무대를 만들어요
- 연습문제(커튼 뒤, 상자 안에 물건 넣기·빼기)
  / 불닭문제(다람쥐와 양식창고)

9 무엇이 있었을까? · 64
- 더하기 활동 / 빼기 활동 / 불닭활동(말로만 더하고 빼고)
- 연습문제(그릇에 무언가를 넣거나 빼기)

10 얼마나 있었을까? · 68
- 알갱이를 넣고 뚜껑을 닫아 주세요
  / 알갱이를 빼고 뚜껑을 닫아 주세요
  / 불닭활동(더하고 빼는 연속 활동)
- 연습문제 / 불닭문제(모양이 뜻하는 수)

11 누가 있었을까? · 73
- 이야기 1(원숭이의 생일 파티)
  / 이야기 2(원숭이네 집에 새로 도착한 친구들)
  / 이야기 3(마당에 나가서 놀까?)
  / 이야기 4(가위바위보로 팀을 나눠요)
- 연습문제와 경험담 / 불닭문제와 엄마 꿀팁

12 과자 속에도 수학이? • 83
- 남은 수 구하기 / 작용한 수 구하기
  / 불닭문제(처음 수 구하기)

13 이 소리가 뭘까? • 85
- 소리를 듣고 소리로 답해요 / 듣고 더 치기 / 듣고 덜 치기
  / 약속한 수 완성하기(보수 찾기)
- 연습문제(손뼉치기로 익히는 수학 개념)

14 휙 지나간 게 뭘까? • 88
- 눈으로 보고 손뼉을 쳐 보아요 / 2배 치기와 반만 치기
- 연습문제(누가 몇 번 쳤을까)

15 꼭꼭 약속해 • 90
- 손가락마다 수 하나씩(약속 정하기) / 약속 지키기 / 불닭활동(합과 차)
- 연습문제(왼손과 오른손의 합과 차)

16 난 누구게? • 93
- 0부터 30까지 수 카드 만들기
- 통에 들어 있는 건 뭘까? / 숨어 있는 수는?
  / 놀이 예시(0~9까지 수 카드 퀴즈)
  / 내 짝꿍은 어디에?(보수 찾기)
- 연습문제 / 불닭문제(수 카드 응용)

17 대결, 수 카드 전쟁 • 100
- 더 큰 수의 대결 / 합의 대결 / 차의 대결
- 연습문제 / 불닭문제(수 카드 게임 O, X편)

18 내가 먼저 • 104
- 추억의 숫자 찾기 게임
- 연습문제(순서대로 찾기)

19 숫자 징검다리 • 106
- 극한의 숫자 놀이
- 연습문제(다시 출발선으로!)

PART 03 단위로 이루어진 세상

20 단단줄자 출동! • 110
- 단단줄자 만들기 / 단단줄자로 깊이 재기(사라지는 눈금)
- 연습문제(센티미터와 밀리미터)
  / 불닭문제(길이 · 둘레 · 깊이의 오차)

21 누가 더 무거울까? • 118
- 무게 감각 익히기 / 저울 젠가 / 티끌도 무게가 있을까?
- 연습문제(무게에 관한 O, X 문제)
  / 불닭문제(접시 · 컵 · 인형의 무게 비교)

22 시간아 어딨니? • 125
- STOP 놀이 / 1분 동안 뭘 할까? / 시계 읽기(시침 분침 놀이)
- 연습문제(시간에 대한 O, X 질문)

23 빨간 기둥의 비밀 • 132
- 오르락 내리락(눈금 온도계) / 목표 온도 만들기
- 연습문제 / 불닭문제 / 마트에서(나도 모르게 쓰는 '단위')

답지와 해설 • 본문 속 퀴즈 · 연습문제 · 불닭문제 · 불닭활동 풀이 • 140
활동지 • 동물 이름표 / 수 카드(1~30까지) • 161

PART 01 **수학의 시작, 약속**
PART 02 **창의성의 첫걸음, 연산**
PART 03 **단위로 이루어진 세상**

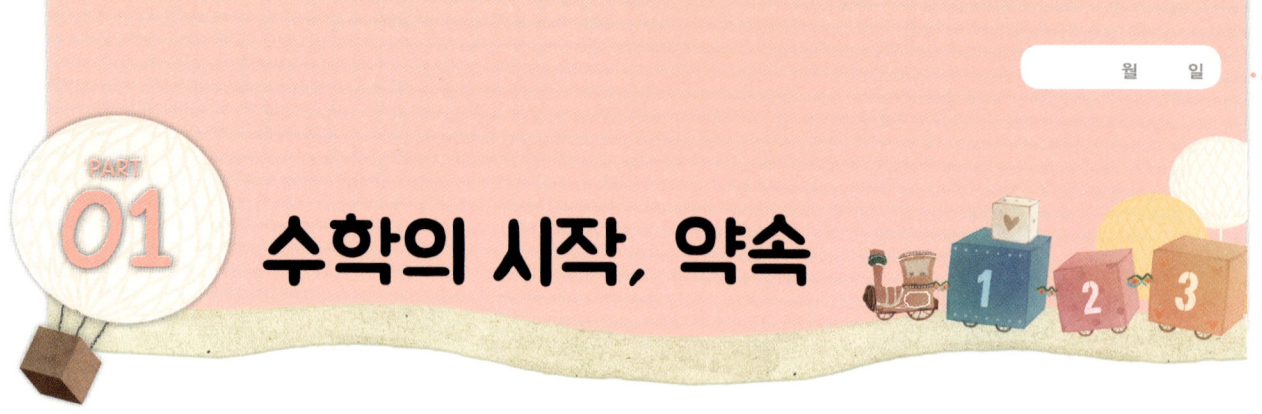

수학의 시작, 약속

신호등의 신호를 안 지키면 어떤 일이 일어날까요? 다음 신호등 그림을 보면서 아이와 이야기를 나눠 보세요.

"건널목을 건널 때는 신호등을 잘 보고 길을 건너야 해. 파란불일 때 길을 건너야 하는데, 빨간불일 때 건너면 위험해. 잘못하면 차에 부딪쳐서 다칠 수도 있고 큰 병원에 가야 할 수도 있거든? 수학도 마찬가지야. 더하기를 하라고 했는데 빼 버리면 틀린 답이 나와."

사람들이 모여 사는 사회에는 '약속'이 있습니다. 일일이 소리 내어 말하지 않아도 그 약속에 따라 사람들이 움직이죠. 신호등은 매우 강력한 사회적 약속입니다. 수많은 차와 사람들이 빨강·파랑·노랑 신호를 지키지 않으면 위험한 교통사고가 일어날 수도 있으니까요. 수학에서도 마찬가지입니다. 더하라는 약속인 '+'를 보고 빼기인 '-'를 해 버리면 틀린 답이 나옵니다. 기호가 없는 수학은 상상할 수도 없죠. 지극히 추상화된 수학 기호를 공부하기 전에 우리 주변의 다양한 말, 몸짓, 그림이나 글자도 사실은 기호임을 알면 기호로 이루어진 수학이 쉽게 느껴질 겁니다.
이번 장에 준비한 활동을 통해 생활 속 기호를 충분히 경험해 보고 새로운 눈으로 수학을 바라볼 수 있기를 바랍니다.

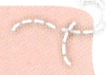

1. 이런 것도 기호일까?

새끼손가락 걸고 지키기로 하는 것만 약속일까요? 아침마다 건너는 건널목의 신호등도, 지하철을 탈 때마다 보이는 분홍색 임산부 배려석 그림도, 위독한 환자를 싣고 달려 가는 구급차 사이렌 소리도 다 약속입니다. 그 약속의 의미를 나타낸 것을 '기호'라고 하지요. 우리 생활 속 여러 종류의 기호들을 알아보고 언제 어떻게 쓰이는지 생각해 봐요.

● 준비물: 마스크, 스케치북, 필기도구

● 만국 공통언어, 보디랭귀지

1. 엄마가 마스크를 쓰고 아래의 지문대로 몸동작을 해 주세요. 아이는 그 동작만 보고 무슨 뜻인지 알아 맞혀 봅니다.

   ① 일어서라. (양손을 펴고 아래에서 위로 올린다.)
   ② 앉으렴. ('일어서라'의 반대 동작)
   ③ 쉿~ 조용히 해! (집게손가락을 입에 댄다.)
   ④ 아휴 졸려~ (하품을 하며 손으로 눈을 비빈다.)
   ⑤ 배가 아프다. (아픈 표정으로 배를 움켜잡는다.)
   ⑥ 다리가 아프다. (얼굴을 찡그리며 다리를 두드린다.)
   ⑦ 잠깐만! 꼼짝하지 말고 기다려~ (손을 세워 상대에게 손바닥을 보인다.)
   ⑧ 뭐라고? 잘 안 들려! 소리를 크게 해 봐! (양손을 한쪽 귀에 대고 물어보는 듯한 표정을 짓는다.)
   ⑨ 아이 가려워~ (손으로 신체의 일부를 긁는다.)
   ⑩ 사랑해~ (손으로 하트를 만들어 보여 준다.)
   ⑪ 아이 뜨거워! (물건에 손을 대었다가 빠르게 떼며 놀란 표정을 짓는다.)
   ⑫ 아이 추워! (두 팔과 몸을 움츠리며 달달 떤다.)
   ⑬ 아휴 더워! (손부채질을 한다.)
   ⑭ 어머 깜짝이야! (양손을 들고 놀라는 표정을 한다.)
   ⑮ 아~ 배부르다. (배를 내밀고 손으로 배를 두드린다.)

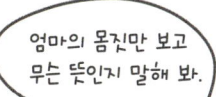

2. 아이와 엄마가 역할을 바꿔서도 해 보세요.

 몸짓도 넓은 의미의 기호임을 아이에게 알려 주세요.

● 표지판도 말을 할까?

각 표지판에 알맞은 의미의 단어를 연결해 보세요.

화장실

병원

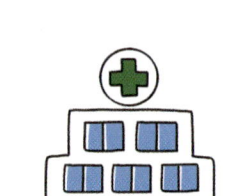

약국

비상구

횡단보도

주유소

노약자석

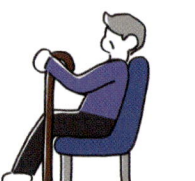

우체국

엘리베이터

유리 깨짐 주의

● 여행길에서 만난 기호

자 이제 가족들과 잠시 세계 여행을 다녀와 볼까요? 그 나라 말을 할 줄 몰라서 걱정할 필요 없어요. 여행길마다 '기호'가 우리가 지켜야 할 것들을 한눈에 알아볼 수 있게 도와줄 거니까요. 그럼 한번 출발해 볼까요?

1. 엄마랑 아빠랑 호주로 여행을 갔어요. 파란 하늘, 멋진 풍경 사이로 길고 긴 도로를 자동차로 달리고 있어요. 그런데 갑자기 이런 표지판이 보이네요? 이 표지판은 무엇을 뜻하는 걸까요? 한번 맞혀 볼까요?

2. 이번에는 미국으로 여행을 갔어요. 가족들과 함께 아름다운 풍경의 산과 계곡이 있는 국립공원에 도착했답니다. 시원한 바람을 맞으며 조금 가파른 계곡 길을 걷는데 이런 표지판 두 개가 보이네요. 이건 무슨 뜻일까요?

1번 문항의 표지판은 길을 따라 15킬로미터 정도를 가는 동안 갑자기 캥거루가 나타날 수 있으니 사고에 주의하라는 표지판이에요.

2번 문항에서 아래쪽 노란색 표지판은 주변에 깎아지른 듯이 가파른 낭떠러지가 있어서 아래로 떨어질 위험이 있다는 뜻입니다. 위의 흰색 표지판은 추락 위험이 있으니 그쪽으로 걷거나 다가가지 말라는 뜻이에요.

● 약속 기호 만들기

이번에는 엄마랑 약속했거나 약속하고 싶은 일 하나를 직접 기호로 만들어 봐요. 하루에 10분씩 책 읽기, 밥 먹고 3분 후에 양치하기 등등 간단한 약속이라면 어떤 것이든 좋아요. 이 상황을 엄마와 내가 봤을 때 한눈에 알아볼 수 있으면 좋겠죠? 만일 동생이나 친구가 보더라도, 모두 알아볼 수 있다면 더 편리할 거예요. 스케치북에 약속한 일을 그려 보고 엄마가 맞혀 볼 수 있게 해 주세요.

Part 01 1. 연습문제

해답 140쪽

01 다음 손동작은 무슨 뜻일까요? 아래에서 알맞은 뜻의 말을 골라 괄호 안에 써 보세요.

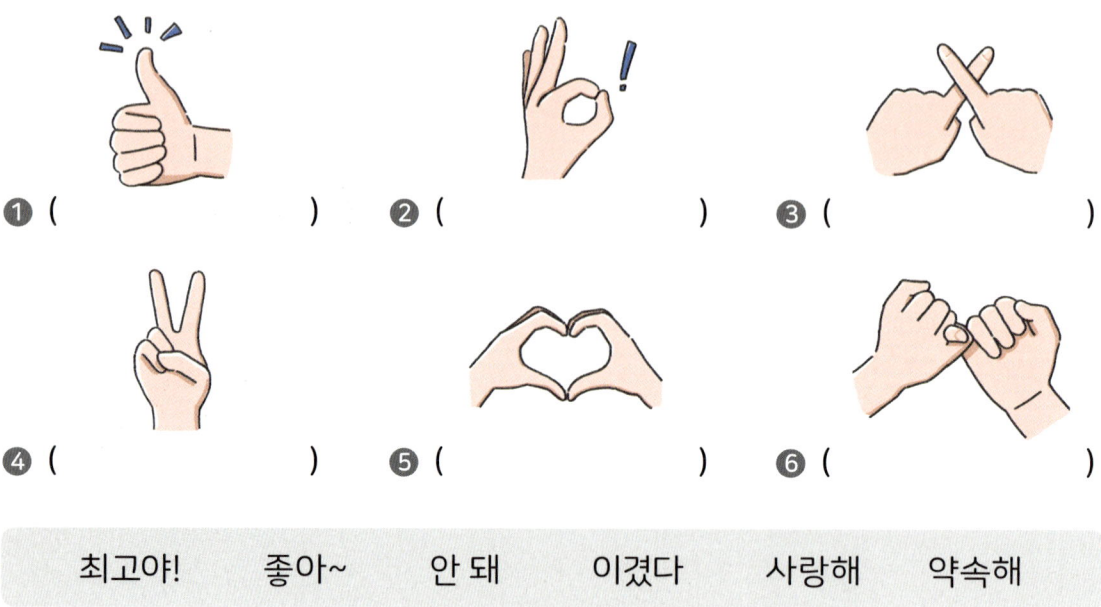

❶ (   )   ❷ (   )   ❸ (   )

❹ (   )   ❺ (   )   ❻ (   )

| 최고야!   좋아~   안 돼   이겼다   사랑해   약속해 |

02 아래 두 표지판은 각각 무슨 뜻일지 이야기해 보세요.

 **TIP** 생활 속 다양한 표지판을 아이와 함께 찾아보세요. 표지판도 의미를 전달하는 기호임을 강렬하게 느끼게 해 주세요.

03 다음 표지판은 누가 사용할까요?

① 어린이　　② 시력을 잃은 사람

③ 외국인　　④ 소리를 듣지 못하는 사람

04 다음 <보기>는 해를 나타내는 그림을 한자로 만든 과정입니다. <보기>와 같이 빈칸에 알맞은 그림을 아래에서 골라 그려 넣으세요

<보기>

사물	☀			🌳	
간단히 표현한 것	☉	🌙			亻
글자	日		木		

木　日　🧍　月　山

🌙　🌲　☉　山山　人

2. 수와 숫자는 같을까?

수를 나타내는 기호인 '숫자'는 어느 날 갑자기 하늘에서 뚝 떨어진 선물이 아니죠. 오랜 세월에 걸쳐 사람들이 생각하고 또 생각하다 보니 정말 필요해서 만들어진 게 숫자랍니다. 문제는 '수'와 '숫자'를 헷갈려 하는 사람들이 너무나도 많다는 것이죠. 두 눈을 부릅뜨고 잘 따라오세요. 수와 숫자의 진정한 의미가 뭔지 이제부터 알아볼까요?

● 준비물: 필기도구, 색연필, A4 용지 2장, 가위, 사진이나 그림이 많은 신문이나 잡지

간단히 하기

"복잡한 게 좋을까? 간단한 게 좋을까?"

1. 아이와 함께 아래 그림을 살펴보고 무엇이 어떻게 변했는지 이야기 나눠 보세요.

Part 01 수학의 시작, 약속

TIP 아이에게 다음과 같이 질문을 던져 주는 것도 좋아요. "아이들 모양이 변하네? 모양이 어떻게 변하는 것 같아?" 아이가 복잡한 것과 간단한 것을 어려워할 때는 함께 나무를 그려 보세요. 실제 나무처럼 나무줄기와 뿌리와 열매와 무성한 잎을 아주 자세하게 그린 후 "자세하다, 복잡하다"의 개념을 알려 주고, 그 나무 옆에 아주 단순한 나무 그림을 그리면서 설명해 주세요. "이렇게만 그려도 사람들이 모두 나무라고 알 수 있어. 엄마가 지금 나무를 아주 쉽고 단순하게 그려 본 거야."

2. 1번에서와 같이 그림에서 숫자로 변해 가는 과정을 아래 빈칸에 그려 보세요.

좋아하는 과일을 4개 그려 보세요. 과일 종류는 많아도 되고, 한 가지 과일이어도 돼요.	좋아하는 장난감 5개를 그림으로 그려 보세요. 아래 두 개의 빈칸에 장난감 그림을 점점 더 단순하게 그려 보세요.
과일을 단순하게 그림으로 그려 보세요. 앞에서 살펴본 아이들 그림을 떠올려 보세요.	장난감을 단순하게 그림으로 그려 보세요.
위의 그림을 더 단순한 모양으로 그려 보세요.	위의 그림을 더 단순한 모양으로 그려 보세요.
그림으로 그린 과일의 수를 세어 '4'라는 숫자로 적어 보세요.	**5**

TIP 결국 우리가 쓰고 있는 숫자는 위 그림과 같은 과정을 거쳐 간단하게 (추상화)된 기호임을 알게 해 주세요. 이것이 수학 언어를 배우는 첫 단계입니다.

3. 사진이나 그림이 많은 신문이나 잡지 등을 준비합니다. 아래 그림과 같이 사람이나 사물 등을 같은 종류끼리 오려 붙입니다.(10개 이내가 적당합니다.) 아래와 같이 점점 단순하게 그려 보며 사물의 수가 숫자로 변화되는 과정을 경험하게 해 주세요. (사물 ⇨ 단순화 ⇨ 숫자)

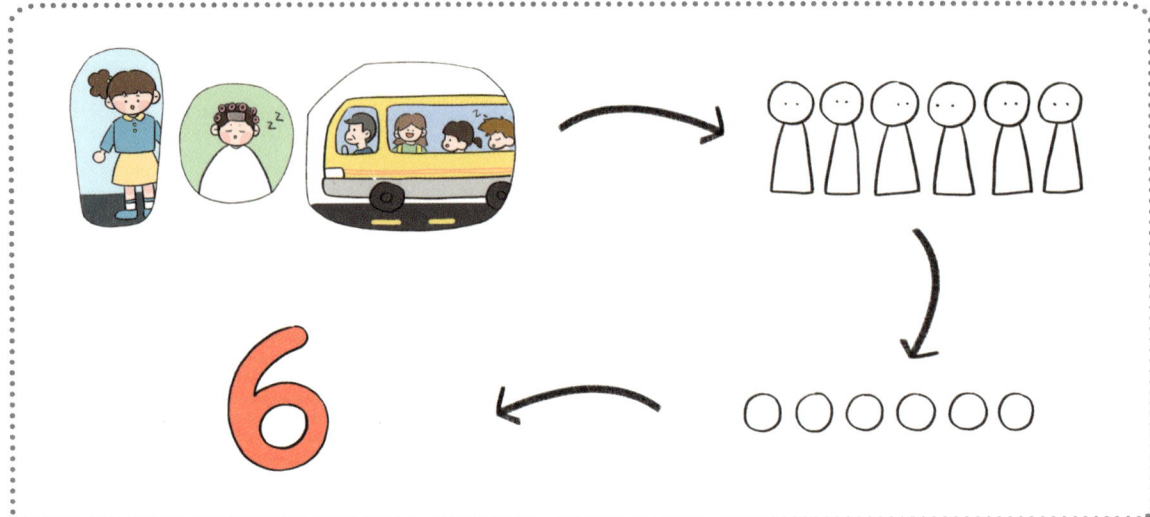

4. 이번에는 사고의 역발상을 자극하기 위해 반대로 아래 숫자에 맞게 점점 더 구체적인 그림으로 그려 보게 해 주세요. 이때 어떤 그림을 그릴지는 아이 스스로 결정하도록 합니다. (숫자 ⇨ 사물)

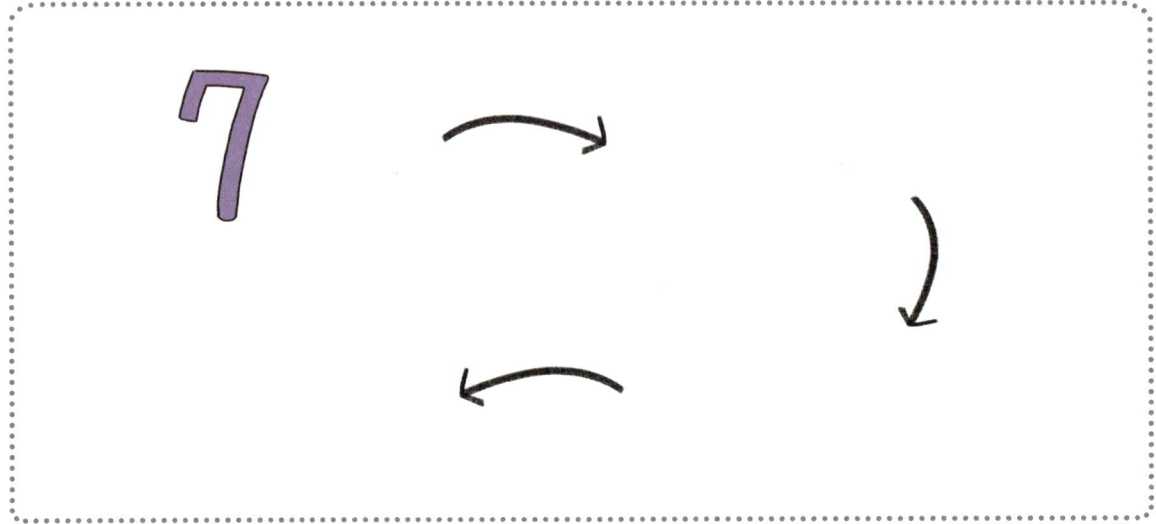

 **TIP**   3번 문제에서 했던 활동 순서를 바꿔 봅니다. 숫자에서 단순한 그림으로, 단순한 그림에서 구체적인 사물의 그림으로, 이 세 단계를 빠짐없이 거치게 해 주세요. 그때가 바로 아이의 머릿속에서 사고가 치열하게 일어나는 순간입니다.

5. 아래 그림을 보고 표의 빈칸에 알맞은 숫자를 써 보세요.

양	목동	나무	구름	고슴도치	꽃	새

내 기호를 맞혀 봐!

"나만 알고 다른 사람은 모르는 기호가 있다면 어떻게 될까? 그 기호를 우리 모두 다 같이 쓰려면 어떻게 해야 하지?"

1. A4 용지 2장을 준비합니다. 각각의 종이를 6등분하고 오려서 모두 12장을 만듭니다.

2. 각 종이를 반으로 접어 한 면에는 동그라미를, 반대 면에는 동그라미 개수를 나타내는 자기만의 기호를 아이가 그리도록 도와주세요.(동그라미는 0개~5개)

 **TIP** 나만의 기호를 결정하지 못해 망설이는 아이들이 있습니다. 자유롭게 기호를 만들 수 있도록 격려해 주세요.

3. 아이가 자기가 만든 카드의 기호를 한 장씩 엄마에게 보여 주며 엄마가 카드 뒷면의 동그라미 개수를 맞혀 보도록 합니다. 이때 엄마가 퀴즈를 다 맞히지 않으면 더 좋습니다.(나만의 기호로는 세상과 소통하기 어렵다는 것을 알려 주기 위한 활동입니다.)

4. 엄마가 얼마나 잘 맞히는지 확인해 보세요.(승부욕에 불타지 마시길.)

5. 이번에는 한 면에는 동그라미를, 반대 면에는 동그라미 개수에 맞는 숫자를 써 보게 합니다.

6. 엄마와 아이가 번갈아 가며 서로에게 숫자를 보여 주고 몇 개의 동그라미가 있는지 맞혀 보도록 합니다.

7. 다음 페이지의 표에 나만의 기호와 숫자를 그려 넣고 둘 중 어느 것을 사용하는 게 더 편리한지 아이와 이야기 나누어 보세요. 그런 다음 아라비아 숫자는 전 세계인이 사용하는 약속임을 알게 해 주세요.

Part 01 **수학의 시작, 약속**

 #엄마 질문# "OO야, 너만의 기호를 만들어 보니 어땠어?" "숫자를 쓸 때랑 기호를 쓸 때랑 어떻게 달랐니?"

<보기>	사물		○	○○	○○○	○○ ○○	○○○ ○○
	스스로 만든 기호						
	숫자	0					

* 자신이 만든 기호를 다양하게 그려 보게 해 주세요.

TIP 위와 같은 표를 스케치북에 그리고 연령에 따라 수의 크기를 달리해서 활동해도 좋습니다. 너무 쉬우면 흥미를 잃을 수도 있으니까요.

8. 다음 그림을 아이에게 보여 주고 아래와 같이 질문하세요.

#엄마 질문#
"셋 중에 가장 큰 수는 무엇일까?"
"셋 중에 가장 큰 숫자는 무엇일까?"

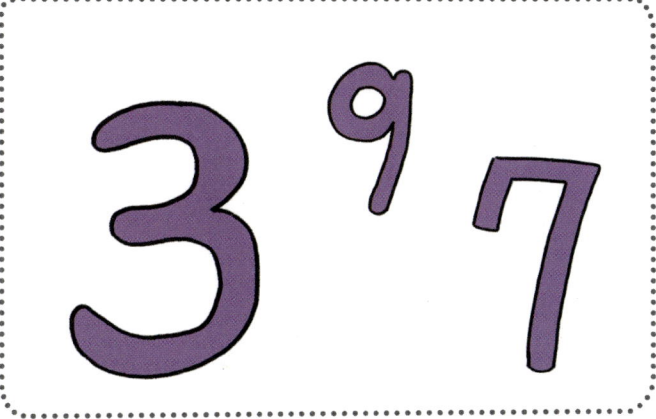

9. 숫자는 수를 나타내는 기호이므로 가장 큰 수는 9, 가장 큰 숫자는 3임을 알려 줍니다.
    * 숫자가 큰 순서대로 쓰기 → 3-7-9
    * 수가 큰 순서대로 쓰기 → 9-7-3

TIP 교사들조차도 '수'와 '숫자'를 잘 구분하지 못할 수 있습니다. '수'는 머릿속에 떠올릴 수 있고 말로 표현할 수도 있는 대상이지만, 보여 줄 때는 '숫자'를 사용한다는 것을 강조해서 아이에게 설명해 주세요. 숫자는 수를 나타내는 기호이고, 그 숫자를 보고 수를 생각하는 힘이 사고력입니다. 그러나 실생활에서는 '수'와 '숫자'가 구별 없이 쓰이고 있는 편입니다. 이런 식으로 오랫동안 혼용해 온 어른들이 이 둘을 구분하는 데 아이들보다 더 어려움을 겪습니다.

Part 01

2. 연습문제

해답 141쪽

01 아래 그림을 보고 표의 빈칸에 알맞은 말을 넣으세요.

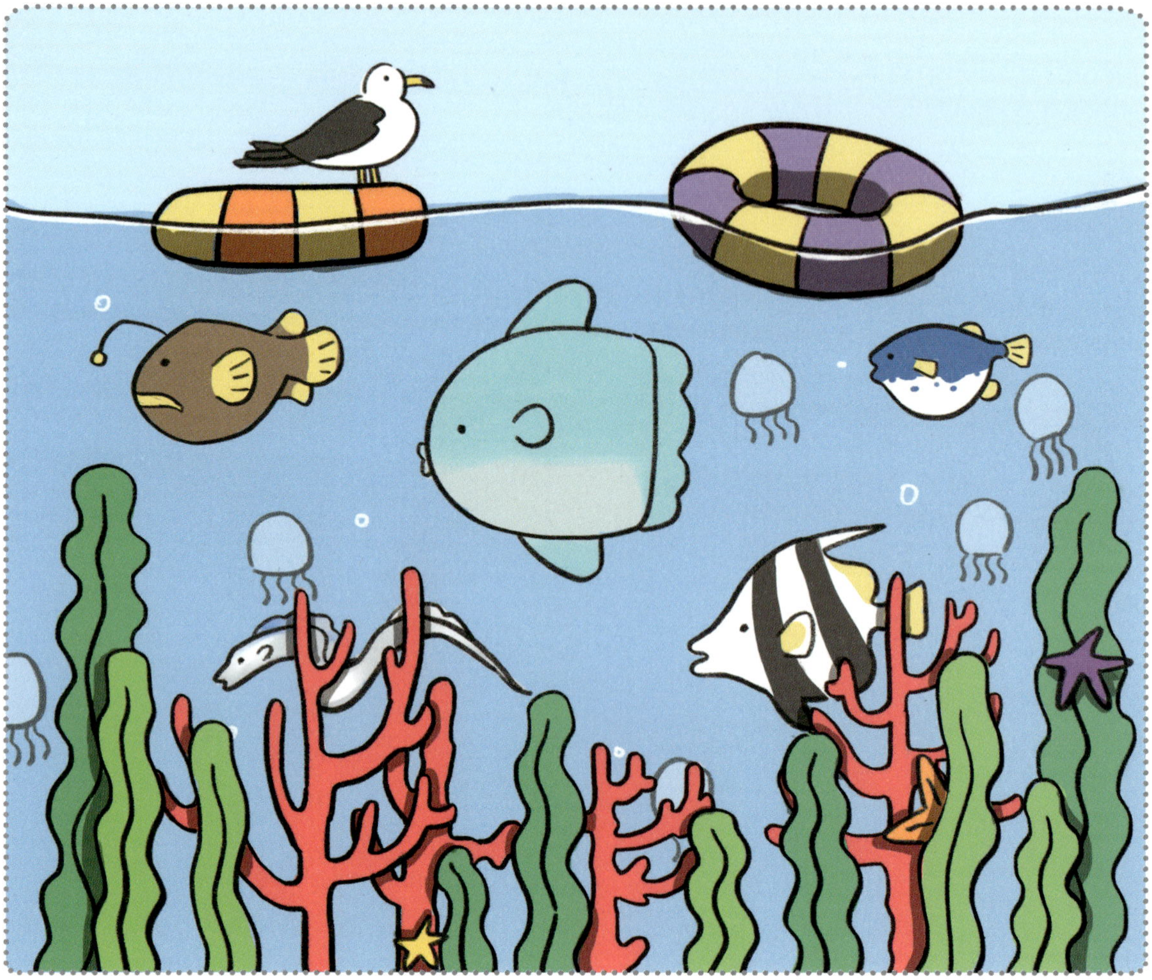

사물 이름				붉은 산호			지느러미 달린 물고기
개수	6	3	10	4	1	2	5

02 아래를 보고 물음에 답하세요.

❶ 크기가 가장 큰 숫자부터 차례로 쓰세요.

❷ 크기가 가장 큰 수부터 차례로 쓰세요.

03 아래 빈 곳에 알맞은 숫자를 쓰거나 수만큼 표시하세요.

5	
	○○○○○
	////// /
7	
	🐦🐦🐦🐦🐦🐦🐦🐦

TIP
- 구체적으로 그리기를 더 좋아하는 아이도 있습니다. 잘 그렸다고 먼저 칭찬해 주시고, 다음과 같이 질문하며 수와 숫자를 쓸 수 있도록 도와주세요. "이 예쁜 그림을 좀 더 간단하게 바꿔 볼까? 동그라미로 표현해 볼까? 네모가 나을까? 모두 몇 개인지 세어 볼까?" 엄마의 질문이 재미있고 풍부할수록 아이의 사고력과 창의력도 커집니다.
- 별 다섯 개든, 동그라미 다섯 개든, 세모 다섯 개든 숫자로 나타내면 같은 숫자 5가 된다는 사실은 숫자가 강력한 기호임을 증명합니다.

3. 기호야 놀자

수학 세계에는 숫자 말고도 알아야 할 기호들이 많이 있답니다. 수십 마디 말 대신 단 하나의 수학 기호로 나타내는 게 얼마나 명쾌하고 멋진 일인지 모릅니다. 기호로 나타낼 수 있는 생활 속의 다양한 상황들을 우리 같이 찾아봐요.

● 준비물: 필기도구, 종이, 빨대나 나무 젓가락, 가위, 셀로판테이프

● 더하기와 빼기 (+, −)

 #엄마 질문# "달팽이들이 느릿느릿 더 기어 오면 어떻게 될까?" "달팽이들 기어가 버리면 어떻게 될까?"

1. 아래 두 그림은 어떤 상황을 나타내는 것인지 아이와 이야기 나눠 보세요.

2. 첫 번째 그림은 달팽이가 기어 와서 달팽이의 수가 더해지는 상황, 두 번째 그림은 달팽이가 기어가 버려서 달팽이의 수가 빠지는 상황입니다. 두 그림을 보고 더하기는 '+', 빼기는 '−'로 나타낸다는 것을 아이에게 알려 주세요.

3. '+'와 '−'가 표시된 깃발 2개를 준비합니다.

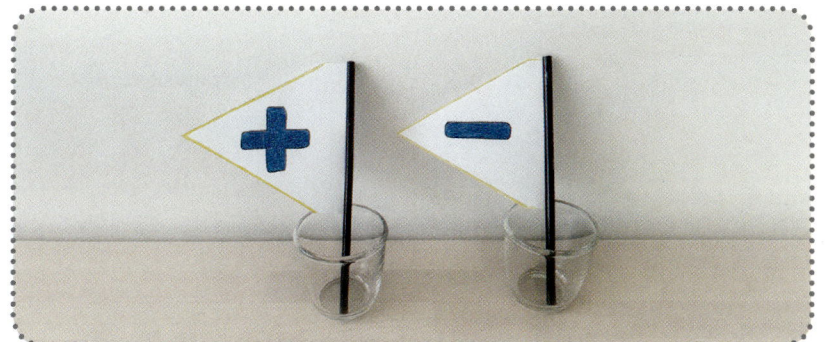

4. 아래 〈보기〉와 같이 활동하며 아이가 더하기 빼기의 개념을 익히도록 합니다.

〈보기〉
엄마: "풍선을 불어 점점 커졌다면?"
아이: + 깃발을 든다.
엄마: "풍선의 바람을 빼서 점점 작아졌다면?"
아이: − 깃발을 든다.

5. 아이와 함께 아래 낱말을 활용한 문장을 만들어 깃발놀이를 해 보세요.

커졌다		나타났다	
넓어진다		작아진다	
좁아진다		사라졌다	
동그랗다		내려갔다	
올라갔다		재미있다	

 TIP
- (+): 눈덩이가 커졌다, 달님이 나타났다, 길이 넓어진다, 산을 올라갔다.
- (−): 옷이 작아진다, 바지통이 좁아진다, 별들이 사라졌다, 기온이 내려갔다.
- (둘 다 아닌 것으로 깃발을 들지 않는 상황): 눈이 동그랗다, 만화가 재미있다.

● 크다, 작다, 같다 (〉, 〈, =)

1. '크다, 작다, 같다'라는 개념을 아이가 알아낼 수 있도록 다음과 같이 물어봐 주세요.

"A와 B는 크기가 어때?" (같아요)
vs
"A와 B는 무엇이 같을까?" (모양, 크기, 껍질 색깔)
"A와 B는 무엇이 다를까?" (꼭지 색깔)
"A와 B를 비교하면 어때?"
(모양, 크기, 껍질 색깔은 같고, 꼭지 색깔은 달라요)

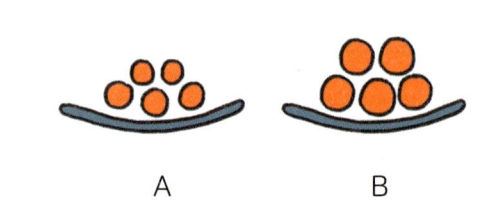

A와 B는 색깔이 어때? (같아요)
A와 B는 개수가 같니, 다르니? (같아요)
vs
"A와 B는 무엇이 같고 무엇이 다를까?"
(색깔이랑 개수가 같고 크기가 달라요)

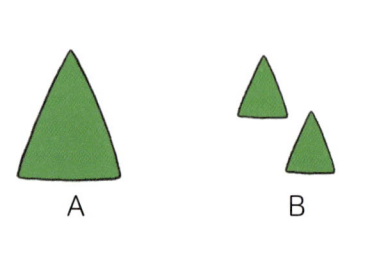

A와 B 중 어느 것이 더 커? (A)
A와 B 중 어느 것이 더 많아? (B)
vs
"A와 B는 무엇이 다를까?" (크기, 개수)
"A와 B는 무엇이 같을까?" (색깔, 모양)
"A와 B를 비교하면 어때?"
(색, 모양은 같고, 크기랑 개수는 달라요)

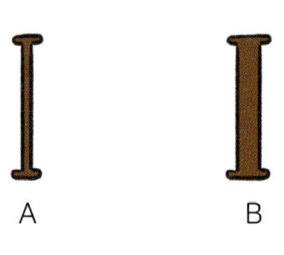

A와 B는 색깔이 어때? (같아요)
A와 B 중 누가 더 굵어? (B)
vs
"A와 B는 무엇이 다를까?" (굵기)
"A와 B는 무엇이 같을까?" (색깔, 길이, 모양)
"A와 B를 비교하면 어때?"
(색, 길이, 모양은 같고, 굵기는 달라요)

TIP 앞에서와 같이 파란 빛깔의 질문을 하면 아이는 단답형의 답만 내놓게 되지만, 갈색 빛깔의 질문을 하면 다양한 답변이 나올 수 있음을 경험하셨을 겁니다. 아이가 자유로운 생각을 할 수 있는 여유를 주세요. 엄마가 생각한 답을 빨리 말하지 않는다고 독촉하지 마세요. 이외에도 다양한 그림을 함께 그리면서 '많다, 적다, 다르다, 같다'에 대한 이야기를 나눠 보세요.

2. 이번에는 '크다, 작다, 같다'라는 개념을 약속된 기호로 나타내는 법을 아이에게 가르쳐 주세요. 크다와 작다는 '>' 또는 '<'로 나타내는데, 하마 입처럼 입을 크게 벌린 쪽이 큰 수예요. 5와 3 사이에 이 기호를 넣는다면 어느 쪽으로 입을 크게 벌리면 될까요? 5가 더 큰 수라서 '5 > 3', 이렇게 기호를 표시하면 돼요. 2와 2처럼 똑같은 수는 어떻게 표시하면 될까요? 수가 같을 때는 '='라는 기호를 사용합니다. 2와 2는 같으니까 '2 = 2', 이렇게 표시해 주면 돼요.

3. 연습문제

01 다음을 보고 □ 안에 +, − 중 알맞은 기호를 넣으세요.

❶ 6 = △△△ □ △△△

❷ 11 □ 3 = ●●●●●●●●

❸ ★★★ □ ★★ = ★★★★★★ □ ★

02 다음을 보고 □ 안에 =, <, > 중 알맞은 기호를 넣으세요.

❶ ●●●●●●●● □ 7

❷ 2 + 1 □ 3

❸ 6 − 2 □ 3

❹ 4 □ 10 − 4

❺ 5 + 3 □ 7

❻ 1 + 1 + 1 + 1 + 1 + 1 □ 6

Part 01 수학의 시작, 약속

4. 자릿수가 필요해

무언가를 세어야 하는데 개수가 너무 많다면 어떻게 할까요? 이럴 때 꼭 등장하는 게 바로 '자릿수'입니다. 자릿수가 없다면 세는 일이 너무 힘들어 포기해 버릴지도 모르죠. 물건 정리를 하듯, 묶기도 하고 자리를 옮기기도 하면서 수를 정리해 봐요.

● 준비물: 알갱이 여러 개, 끈이나 실(알갱이는 편백나무 칩, 공깃돌, 바둑돌, 되도록 같은 색깔과 모양의 레고 조각들로 준비해 주세요. 단, 250여 개가 넘는 알갱이가 필요하므로 가능한 한 작은 조각이나 알갱이를 쓰는 것이 좋습니다.)

★ 아래 동화를 읽고 아이가 묶음의 필요성을 이해할 수 있도록 도와주세요.

옛날 어느 바닷가에 한 어부가 살고 있었어요. 어부는 매일 고기잡이를 나갔지만 그리 많이 잡지는 못했어요. 그러던 어느 날 뜻밖의 일이 일어났어요. 그물이 찢어질 정도로 물고기가 많이 잡힌 거예요.

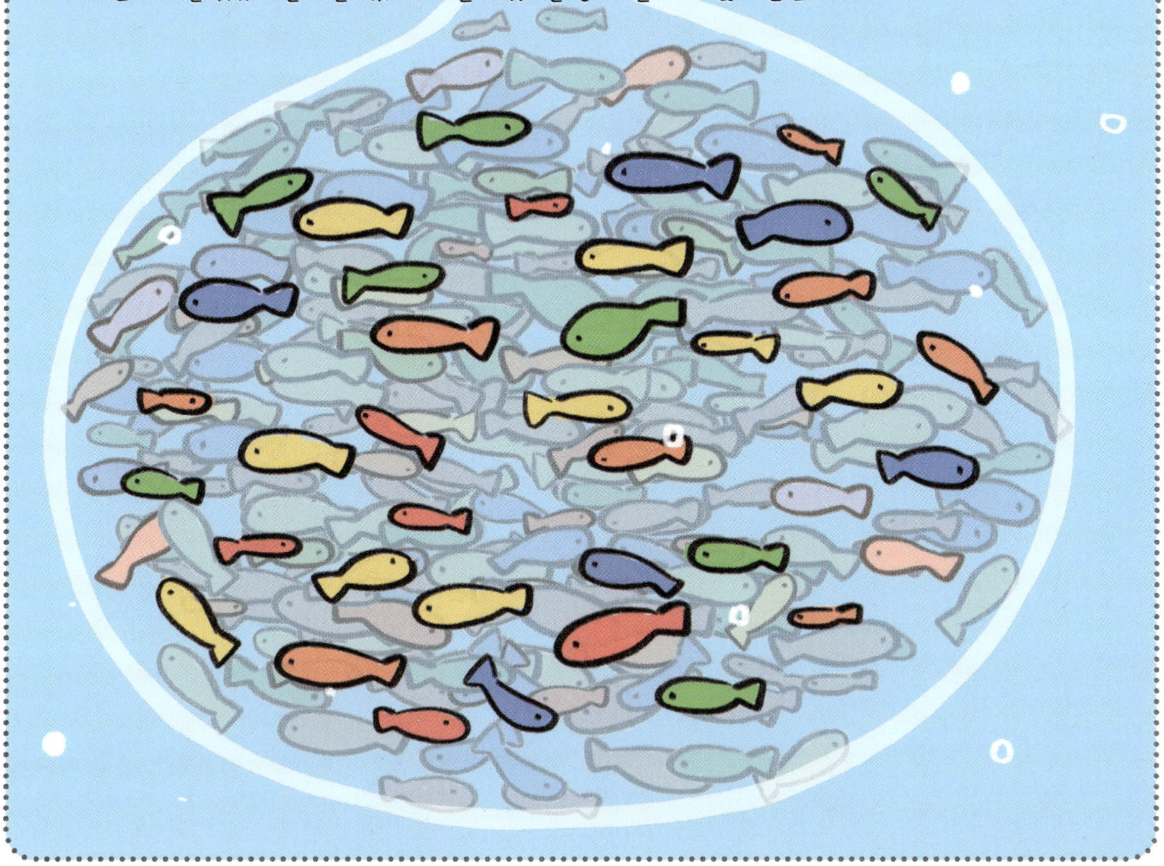

"우와~ 굉장하구나!"
"정말 많이 잡았네."
동네 사람들이 몰려와 놀라며 한마디씩 했어요.
"그런데 이게 모두 몇 마리에요?"
한 아이가 어부에게 물었어요.
"몇 마리냐고? 음…… 한번 세어 볼까."
"하나, 둘, 셋, 넷, 다섯, 여섯…… 열, 열하나, 열둘, 열셋……."
수가 점점 많아지자 어부는 얼마를 셌는지 그만 잊어버렸어요.
"잠깐, 내가 몇까지 셌더라? 다시 세어야겠네."
어부는 처음부터 다시 세었지만 얼마 가지 않아 또 잊어버리고 말았어요.
"아~ 힘들어. 이렇게 세면 안 되겠어. 어떻게 하지?"
이때, 어부 옆을 지나가던 마을 어르신 한 분이 도와주겠다고 나서셨어요.
"물고기가 상하기 전에 마을 사람들에게 나눠 주고, 바닷가의 돌멩이를 물고기 대신 가져다 놓으면 물고기의 수도 세고, 좋은 일도 할 수 있지 않겠나."
어부는 물고기 한 마리를 셀 때마다 돌멩이를 하나씩 가져다 놓았어요.

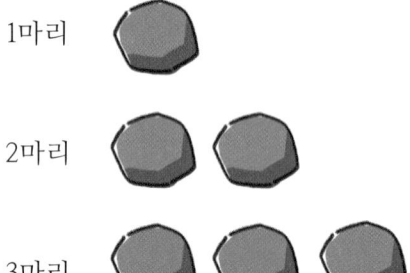

돌멩이 네 개는 몇 마리일까요?

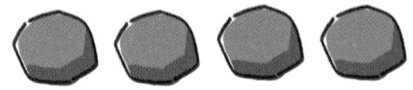

돌멩이 다섯 개는 몇 마리일까요?

어머나! 돌멩이가 점점 많아지네요.

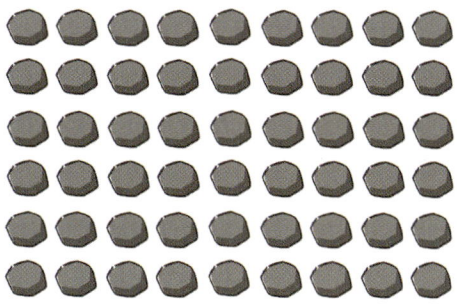

어부는 돌멩이 개수를 다 기억할 수 있을까요?

좋은 방법이 없을까요?

웃으며 어부를 바라보시던 마을 어르신이 또 일러 주셨어요.

"돌멩이를 10개씩 묶어 보게나."

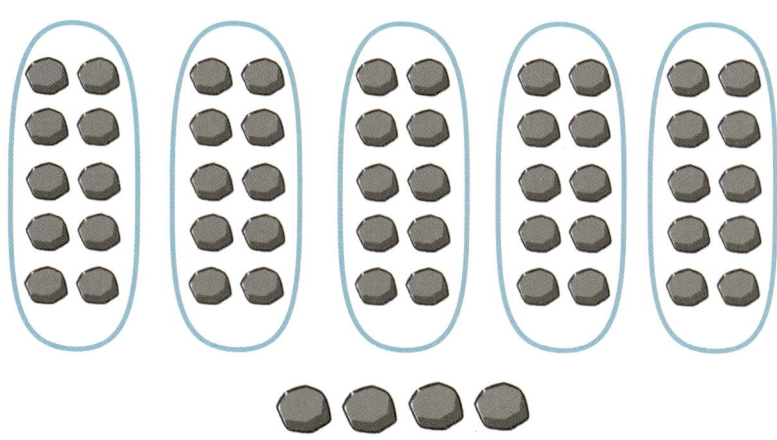

어르신은 또 "이렇게 표시해 보게나."라고 했죠.

10마리짜리 묶음 수	1마리짜리

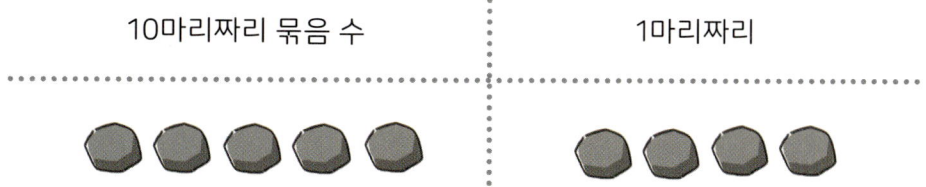

"이렇게 자리를 구분하는 방법으로 백 마리가 넘는 물고기도 표시할 수 있다네."

알갱이 그림으로 우리가 한번 세는 걸 도와줘 볼까요?

1. 아래와 같이 알갱이를 여러 개 늘어놓고 아이와 함께 세어 보세요. 착한 어부를 도와줘야 한다는 마음을 북돋아 끝까지 포기하지 않고 세어 볼 수 있도록 도와주세요. 아이에게 다소 큰 수로 느껴진다면 더 작은 수로 활동하셔도 좋습니다.(사진에서는 총 253개의 알갱이가 사용됐습니다.)

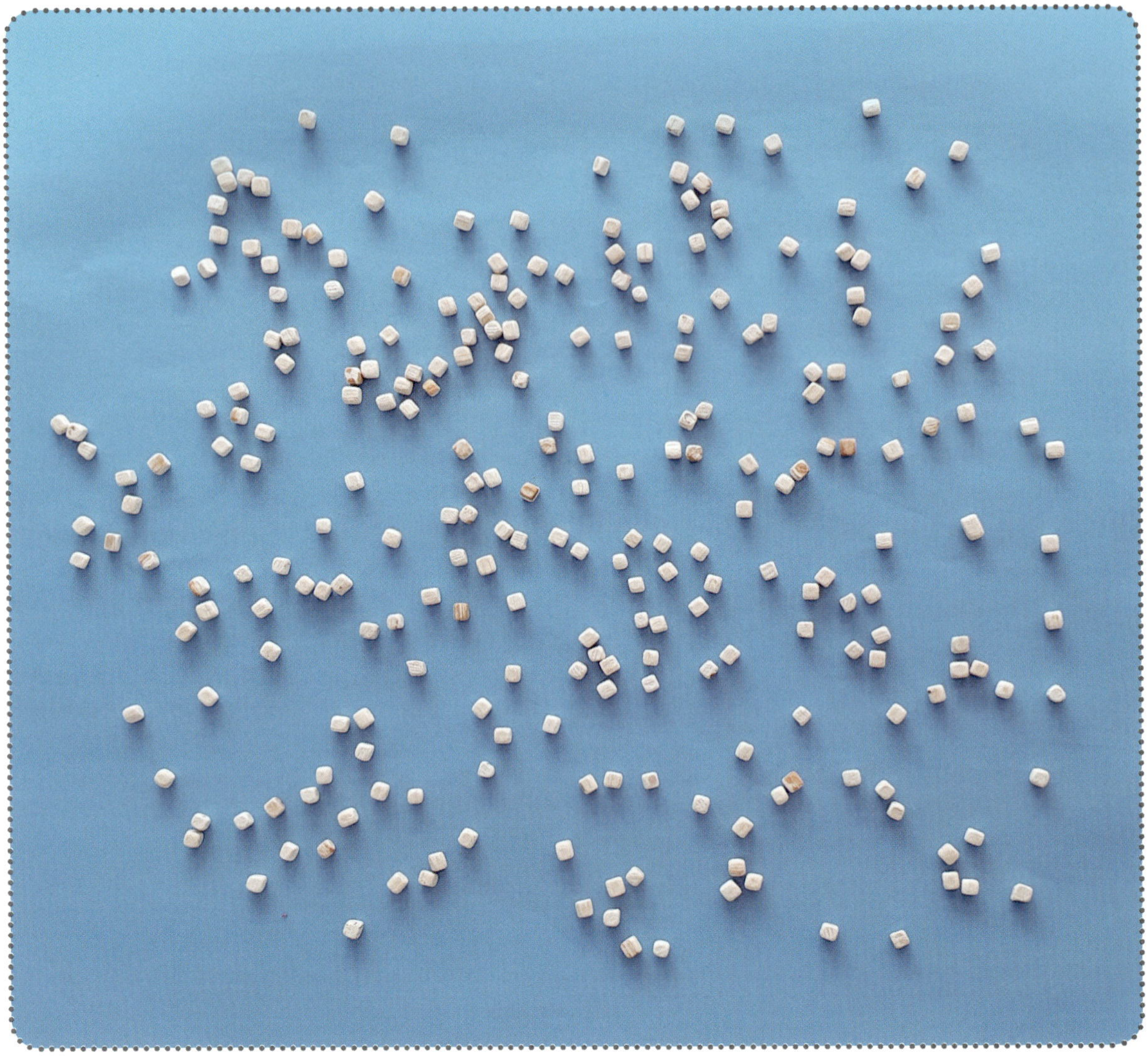

막연히 세는 것보다 전략이 필요하다는 것을 아이가 먼저 말해 보도록 유도해 주세요. 이는 자릿값을 이해하는 중요한 심리적 근거가 됩니다. 아이가 위 그림에 직접 연필로 10개짜리 묶음을 표시하며 세어 보는 것도 좋습니다. 집에 있는 콩이나 바둑알, 작은 스티커 등을 활용하여 세어 보면 아이의 수 감각뿐아니라 소근육 발달에도 도움이 됩니다.

2. 오른쪽과 같이 알갱이를 10개씩 묶어서 묶음과 낱개로 나누어 세어 보게 합니다. 그런 다음 알갱이가 흩어져 있을 때와 어떻게 다른지 아이와 이야기 나눠 보세요.

   "알갱이가 흩어져 있을 때랑 10개씩 묶어 볼 때랑 어떤 게 더 좋아?"

   "한눈에 몇 개인지 알 수 있을까?"

   알갱이를 10개씩 묶어 놓기는 했지만 한눈에 몇 개인지 알아보기는 여전히 힘드네요.

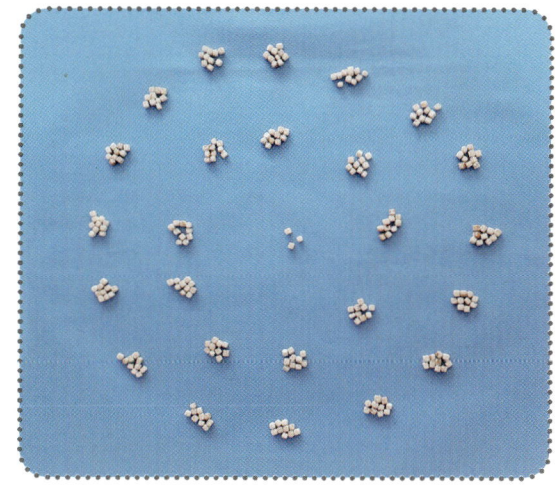

3. 자, 이제 10개짜리 묶음을 또 10개씩 모아 묶어 보세요. 그러고 나면 100개짜리 큰 묶음 하나가 나오죠. 이런 식으로 10개짜리 묶음과 100개짜리 묶음을 만들어 놓으면 이제부터는 수 세기가 정말 편해집니다. 아래 그림처럼 각각의 수의 자리를 만들어 놓고, 묶음의 개수만 집어넣으면 끝!

4. 결국 큰 수를 나타내는 것은 자리로 해결하면 됩니다.

   "100을 나타내려면 알갱이 몇 개가 필요할까?"
   (알갱이 1개도 100의 자리에 놓으면 100을 의미합니다.)

 알갱이 1개로 자리만 옮기면 1도, 10도, 100도 모두 나타낼 수 있습니다.

5. 오른쪽과 같이 10의 자리에 아무것도 없을 때에는 0으로 나타냅니다.

 수는 오로지 위치로 나타내는 추상적 개념입니다. 알갱이의 수와 자리를 달리하며 위 과정을 반복할수록 수 개념이 또렷해집니다.

4. 연습문제

해답 142쪽

01 앞의 동화의 어부처럼 아래 돌멩이를 10개씩 세어 묶어 보고 묶음의 개수를 표에 점으로 나타내 보세요. 점으로 나타낸 후 ( ) 안에 알맞은 수를 쓰세요.

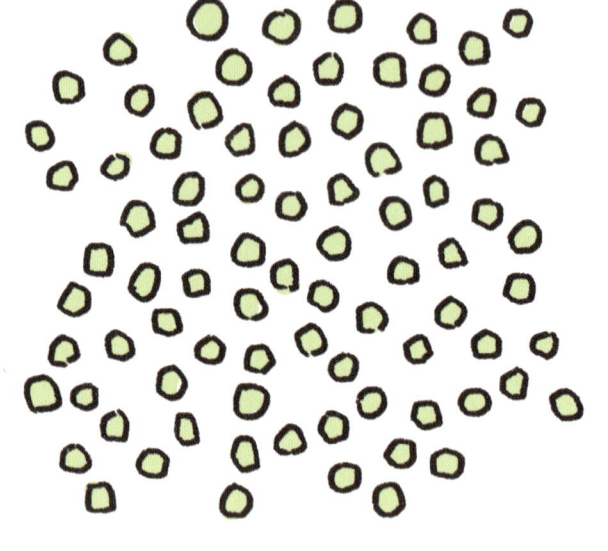

100	10	1

= ( )

02 다음 점은 몇인지 숫자로 나타내세요.

❶
100	10	1
●	●●	●

= ( )

❷
100	10	1
●	●	●●●

= ( )

40

03 알갱이 2개로 나타낼 수 있는 수는 아래와 같습니다. 아이가 직접 빈칸에 숫자를 써 보도록 도와주세요.

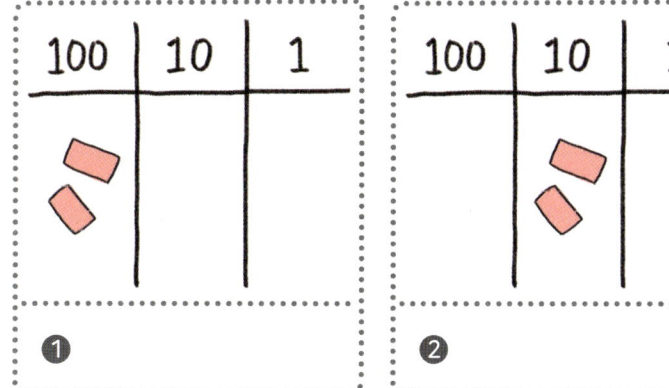

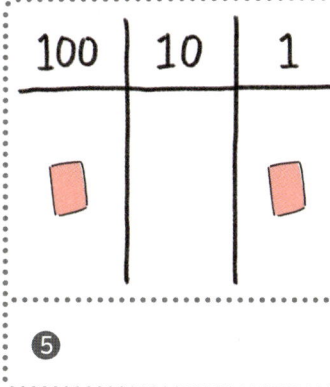

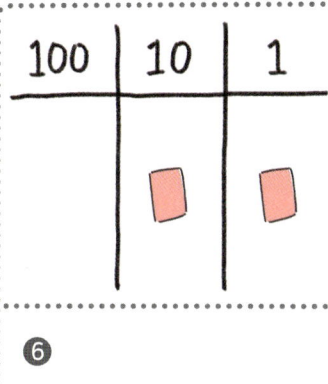

 **TIP** 위와 같은 방법으로 알갱이 3개, 4개로도 진행해 보며 다양한 수를 만들어 낼 수 있음을 알게 해 주세요. 정해진 알갱이 개수로 한 가지 수가 아니라 여러 가지 수를 표현할 수 있음을 느끼도록 도와주세요.

04 아래 빈칸에 알갱이를 놓아 표에 제시된 수를 만들어 보고 알갱이가 몇 개 필요한지 쓰세요. 이때 퀴즈를 내는 것처럼 엄마가 문제를 재미있게 읽어 주세요.(오늘 활동을 통해 배운 개념을 잘 이해했는지 확인하는 문제입니다.)

	100	10	1
보기		○○○	○○

<표>

	수	필요한 알갱이 수
보기	32	5
	203	
	500	
	401	

수	필요한 알갱이 수
131	
140	
122	
50	

05 다음 수에 맞게 빈 곳에 점으로 나타내세요.

❶ 320 = | 100 | 10 | 1 |

❷ 302 = | 100 | 10 | 1 |

❷ 19 = | 100 | 10 | 1 |

 **TIP** 아이가 0의 개념을 어려워하면 억지로 지도하지 않으셔도 괜찮아요. 그저 빈자리는 0으로 나타낸다는 약속만 알려 줘도 좋습니다.

06 다음 점으로 표시된 수를 읽어 보고 그중 가장 큰 수에 동그라미 표시를 하세요.

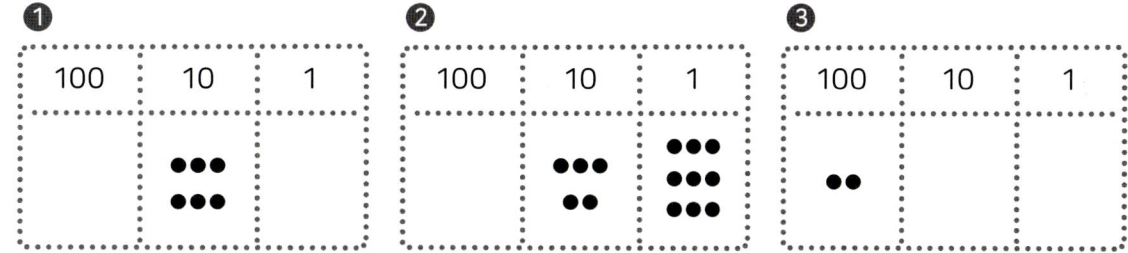

07 아래 수를 보고 큰 수부터 차례대로 쓰세요.

12   101   29   298   ▶   (   )

08 다음 중 가장 작은 수는 무엇인지 써 보세요.

73   370   307   773   ▶   (   )

5. 어이쿠 이것도 진법이네

'진법'이라고 하니 왠지 어렵게 느껴지나요? 실은 그저 '묶어 세기'일 뿐입니다. 우리는 조금만 복잡해도 무엇이나 묶어 세며 간단히 하기를 좋아하지요. 복잡하면 살 수가 없으니까! 아래 활동을 하고 나면 평범한 일상이 얼마나 많은 수학적인 요소로 가득 차 있는지 깨닫게 될 겁니다.

● 준비물: 시계, 달력

1. 자동차 바퀴로 알아보는 진법

	의미	그림	질문
3진법	바퀴 3개로 한 대 만들기		바퀴 6개로는 왼쪽 그림과 같은 자동차 몇 대를 만들 수 있나요? (2대)
4진법	바퀴 4개로 한 대 만들기		바퀴 12개로는 왼쪽 그림과 같은 자동차 몇 대를 만들 수 있나요? (3대)
6진법	바퀴 6개로 한 대 만들기		왼쪽 그림과 같은 자동차 2대를 만들려면 바퀴가 몇 개 필요할까요? (12개)

2. 시간은 추상적인 대상이기 때문에 아이들에게 알려 주기 어렵습니다. 하지만 시계를 보며 개념 설명이 가능한 아이에게는 아래와 같이 진법 개념으로 확장시켜서 알려 주세요.

60진법	60초 = 1분, 60분 = 1시간
24진법	24시간 = 1일

3. 달력을 보며 요일을 살펴보고, 7일마다 반복되는 규칙이 앞서 배운 묶어 세기, 즉 진법임을 설명해 주세요.

7진법	7일 = 일주일
30진법	30일 = 한 달
12진법	12개월 = 1년

4. 생활 속에서 다양하게 쓰이는 진법을 아이와 함께 찾아보세요. 그런 다음 아이에게 다음과 같은 질문을 해 보세요.

> **2진법의 예:** 귀걸이 1쌍, 양말 1켤레, 신발 1켤레, 장갑 1켤레
> **3진법의 예:** 세발자전거, 삼각대
> **4진법의 예:** 자동차 바퀴, 네 발 동물
> **5진법의 예:** 손가락 5개, 농구 한 팀

#엄마 질문#
"개미 다리는 모두 6개야. 그럼 개미 2마리의 다리는 모두 몇 개일까? 그럼 3마리는?"
"문어 다리는 모두 8개야. 문어 2마리의 다리는 모두 몇 개일까? 그럼 3마리는?"

 진법과 관련된 다양한 수로 확장시켜 질문해 보세요. 아이들은 의외로 끝없이 질문받는 것을 좋아한답니다.

5. 연습문제

01 <보기>를 참고하여 더하기 문제를 풀어 보세요.

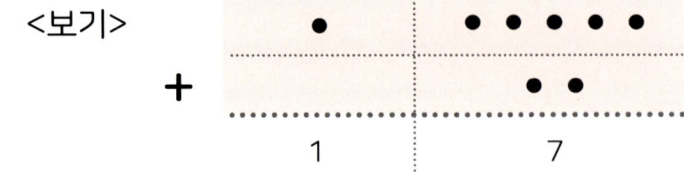

02 <보기>를 참고하여 빼기 문제를 풀어 보세요.

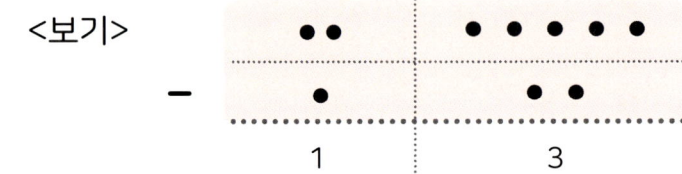

03 다음을 계산하여 ( ) 안에 알맞은 수를 쓰세요.

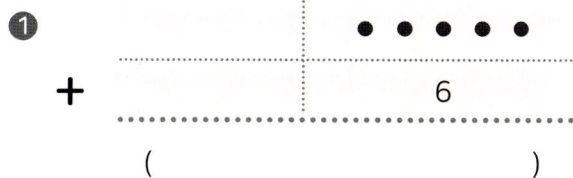

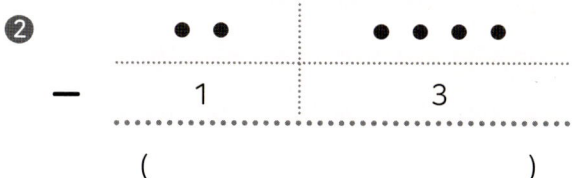

04 다음 세 자리 수를 계산하여 ( ) 안에 알맞은 수를 쓰세요.

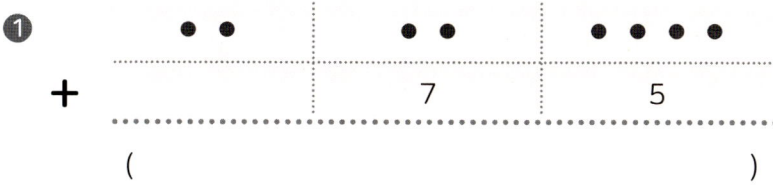

PART 02 창의성의 첫걸음, 연산

아래 그림 어디에 더하기 빼기가 들어 있을까요? 아이와 이야기 나눠 보세요.

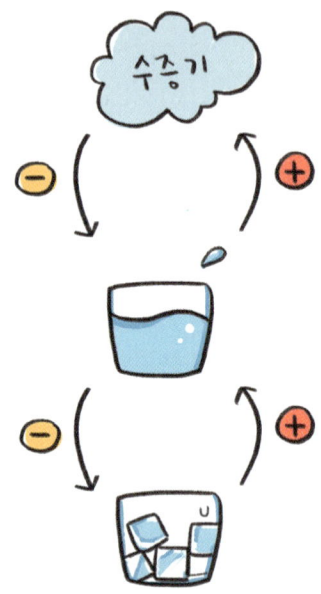

얼음이 녹았어요. 왜 녹았을까요? 열이 더해졌기 때문이죠.
물이 얼었어요. 왜 얼었을까요? 열이 빠졌기 때문이죠.
물이 수증기가 되었어요. 왜 그럴까요? 열이 더해졌기 때문이죠.
이것을 수학 기호로 나타내면 아래와 같은 식이 나옵니다.

얼음 + 열 = 물, 물 - 열 = 얼음, 물 + 열 = 수증기

얼음이 열을 받아 물이 되고, 물이 열을 빼앗겨 얼음이 되듯이 우리 주변에는 더하고 빼면서 변화가 일어나는 일들이 많이 있답니다.

어떤 이유로든 무엇인가가 더해지거나 빼지면 결과도 달라지는 데서 연산을 배울 수 있습니다. 이런 식으로 연산을 배우면 아이는 연산이 새로운 것을 만들어 내는 유용한 방법임을 알게 됩니다.

 ## 6. 색깔에도 연산이?

더하기, 빼기는 색깔의 세계에도 존재하지요. 한 가지 색에 다른 색을 더하면 원래 색이 아닌 제3의 색이 나옵니다. 이렇게 해서 얻은 제3의 색에서 한 가지 색을 빼면 나머지 색이 나오죠. 어떤 색깔이 나올지 상상하면서 셀로판지를 이리저리 겹쳐 보세요.

- 준비물: 얇은 투명 플라스틱 판, 셀로판지(빨강, 파랑, 초록, 노랑), 가위, 손전등(핸드폰), 흰 종이, 셀로판테이프

 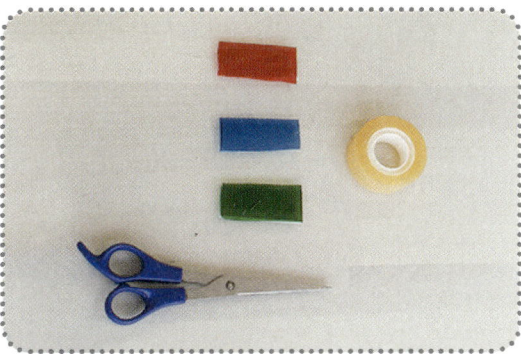

1. 투명 플라스틱 판을 6cm × 3cm 크기의 직사각형 모양으로 자른 것 3개를 준비합니다.

2. 셀로판지를 색깔별로 투명 플라스틱 판에 셀로판테이프로 붙입니다.

3. 손전등으로 플라스틱 판을 색깔별로 비춰 보세요. 이때 주변의 불을 끄고 진행하면 더 폭발적인 반응과 생생한 결과를 얻을 수 있습니다.

- 한 가지 색만 비추었을 때의 색 관찰

초록   빨강   파랑

4. 2가지 색의 플라스틱 판을 겹쳐서 흰 종이 위에 손전등으로 비춰 봅니다.

- 색을 더하거나 뺐을 때의 변화

색	더하기	빼기
	초록 + 빨강  ↓	초록을 빼면  → 🟠 빨강을 빼면 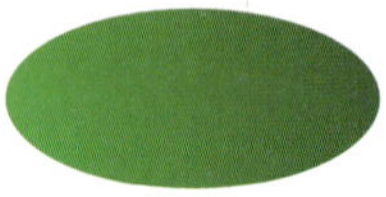 → 🟢
	파랑 + 빨강  ↓	파랑을 빼면  → 🟠 빨강을 빼면  → 🔵

TIP 색을 통과한 빛이 합쳐지면 다른 색깔의 빛이 된다는 것은 언뜻 당연해 보이지만, 여기에 연산의 의미를 접목시키는 것이 중요합니다. 무엇을 더하여 새로운 것을 만드는 경험이 더하기라는 연산을 이해하는 바탕이 됩니다.

6. 연습문제

해답 144쪽

01 아래 그림은 2가지 색의 플라스틱 판을 겹쳐서 손전등으로 비춰 본 것입니다. 결과가 알맞은 것끼리 짝을 지어 보세요.

 ❶
 ❷
 ❸

 ㉠
 ㉡
 ㉢

02 2가지 색의 물감을 섞어서 분홍색을 만들었습니다. 어떤 색이 섞여 있을까요?

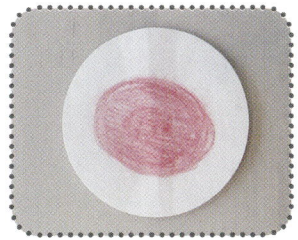

❶ 초록 + 흰색

❷ 빨강 + 흰색

❸ 노랑 + 빨강

03 위의 분홍색에서 흰색을 뺀다면 어떤 색이 남을까요? (   )

04 빨간색과 파란색 셀로판지를 겹쳐 빛을 통과시키면 보라색이 됩니다. 이 보라색을 파란색으로 만들려면 어떻게 하면 될까요?

05 여러 가지 색의 물감이 한 군데 다 모이면 어느 색에 가까워질까요?

7. 떠나 볼까? 연산 여행

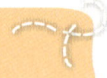

세모, 네모, 동그라미. 우리 주변에서 흔히 보는 도형도 연산의 좋은 요소가 됩니다. 동화 속 도형 주인공들이 재미있는 모양으로 변하며 들려주는 이야기를 우리 함께 들어 볼까요?

● 준비물: 가위, A4 용지, 연필, 모양자

● 우리가 만나 (이야기 수학 동화)

어떤 동그라미가 바다 건너 여행을 떠나기로 하였습니다.

혼자 길을 가던 어느 날 동그라미는 네모를 만났습니다.

네모는 동그라미에게 이렇게 말을 건넸습니다.
"너는 참 좋겠다. 가고 싶은 곳으로 마음껏 굴러갈 수 있어서 말이야.
나도 너처럼 어디든지 마음대로 굴러갈 수 있으면 얼마나 좋을까……."

그 말을 들은 동그라미는 그냥 지나쳐 갈 수 없었습니다.
네모의 부러워하는 말이 마음에 걸렸기 때문입니다.

동그라미는 잠시 생각한 후에 네모에게 이렇게 말했습니다.
"아! 좋은 방법이 있어. 내가 너를 업고 가면 되지 않을까?"
그래서 동그라미가 네모를 업자, 둘이 합쳐져 멋진 수레가 되었습니다.

둘은 굴러 굴러 바닷가에 다다랐습니다.

그런데 거기서 역시 바다를 건너고 싶어 하는
세모를 만났습니다.

"얘, 세모야, 너도 바다를 건너가고 싶니?"
동그라미와 네모가 세모에게 물었습니다.
"응, 그런데 건너갈 방법이 없어서 고민 중이야."
세모가 대답했습니다.
한참을 생각하던 세모가 동그라미에게 이렇게 말했습니다.
"너와 내가 합쳐서 물고기가 되면 좋긴 한데……"

"그러면 네모는 갈 수 없잖아. 더 좋은 방법을 생각해 내야 해."
동그라미가 대답했습니다.
이때 네모가 손뼉을 치며 말했습니다.
"좋은 수가 있어. 배! 배를 만들자구!"
"배를? 어떻게?"
동그라미와 세모가 눈을 크게 뜨고 물었습니다.

"나는 배의 몸이 되고, 동그라미는 운전대가 되는 거야.
그리고 세모 너는 돛이 되라고. 그러면 우리는 멋진 배가 될 거야, 어때?"

셋은 서로의 좋은 생각에 박수를 치며
즐거워했습니다. 그리고
멋진 배가 되어 바다를 건너
여행을 떠나게 되었습니다.

1. 모양자를 이용하여 다양한 크기의 동그라미, 세모, 네모를 종이에 여러 개 그려 보세요.

2. 그린 모양을 따라 종이를 오린 다음 〈보기〉와 같이 다양하게 원하는 모양을 만들어 보세요.

3. 모양을 더할 때와 뺄 때 달라지는 점은 무엇인지 아이와 이야기 나눠 보세요.

 모양을 꼼꼼하게 따라 그리고 종이를 오리는 과정을 통해 아이의 소근육 발달과 더불어 집중력 향상을 기대할 수 있습니다. 다양한 모양이 나올 수 있도록 유도해 주세요.

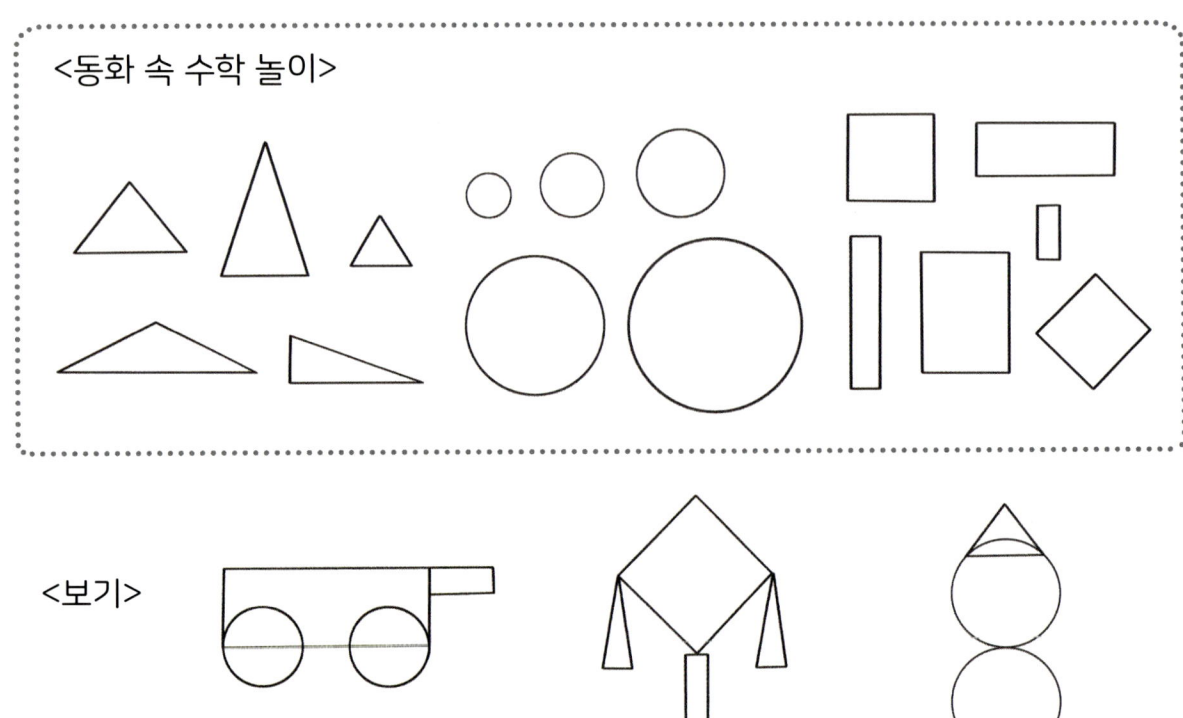

Part 02 7. 연습문제

해답 144쪽

01 앞의 동화를 보고 아이와 함께 다음과 같이 이야기를 나눠 보세요.

  ❶ 동화 속의 동그라미와 네모가 처음 만나 합쳐졌을 때 무엇이 되었나요?

  ❷ 동그라미와 세모가 만나 무엇이 되려고 했나요?

  ❸ 동그라미, 세모, 네모가 만나 무엇이 되었나요?

02 연필과 지우개가 더해지면 무엇이 될까요?

03 롤러스케이트에서 바퀴를 빼면 무엇이 남을까요?

04 햄버거에서 야채와 고기 등의 내용물을 빼면 무엇이 남을까요?

05 후드티에서 모자를 빼면 무엇이 남을까요?

06 <보기>와 같이 더하기 빼기(+, −) 기호를 사용하여 아래 그림에 제시된 것들을 설명해 보세요.

① 바퀴 달린 가방

② 김밥

③ 스마트폰

④ 치즈 육포

TIP 무엇을 더하거나 빼면 새로운 것이 되는 창조의 원리를 +, −의 개념으로 바라볼 수 있는 힘을 길러 주세요. 이런 과정을 통해 아이는 사물을 바라보는 새로운 눈을 갖게 됩니다. 답은 하나로 정해져 있지 않습니다. 고정관념에서 벗어나면 답이 여러 개가 나와도 불안하지 않습니다.

❺ 주스 가루

❻ 피자

❼ 라볶이

❽ 냉동 딸기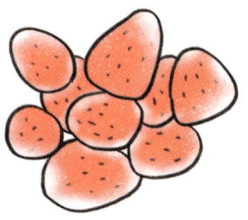

07 다음 +, - 기호가 사용된 것을 보고 괄호 안에 알맞은 말이나 수를 넣으세요.

❶ 딸기 + (　　) = 딸기우유
　 3 + (　　) = 10

❷ (　　) - 물 = 분유
　 (　　) - 1 = 2

🔥 **불닭문제**

❸ 고기 + 양념 - (　　) = 육포
　 10 + 2 - (　　) = 8

❹ 팥빙수 = 얼음 + (　　) + 토핑(떡, 젤리, 콩가루 등등)
　 12 = 4 + (　　) + 3

❺ 10 - 1 - 2 - 3 = (　　)

8. 커튼을 올리면?

무대 위 커튼 뒤로 연극의 주인공들이 나타났다 사라지는 것도 실은 더하기와 빼기 개념을 아이가 경험할 수 있는 좋은 예죠. 종이 한 장으로 가림막 커튼을 만들고 물병 두 개로 커튼 지지대를 만들어 나만의 연극 무대를 설치해 보세요. 준비한 물건들을 주인공 삼아 커튼 사이로 등장과 퇴장을 시키다 보면 어느새 수학 개념이 확실하게 자리잡는 걸 느낄 수 있습니다.

- 준비물: 4~8절지 크기의 골판지 한 장, 물병 2개, 골판지 크기보다 작은 여러 가지 물건

1. 물병 2개에 물을 담고 양쪽에 세운 후 골판지를 고정시켜 커튼처럼 만들어 주세요.

옆에서 본 모습

2. 아이 몰래 커튼 뒤에 물건 3개를 숨겨 두세요.

3. 다른 물건 2개를 아이에게 보여 주고 커튼 뒤로 더 넣으세요.

4. 커튼을 옆으로 치우고 처음에 있었던 물건과 더 넣은 물건이 무엇인지 아이에게 물어보세요.

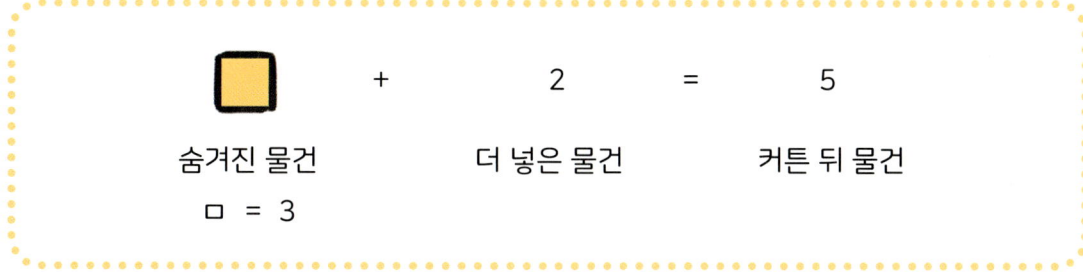

5. 여러 가지 물건으로 개수를 바꿔 가며 놀이를 반복해 보세요.

 엄마와 아이가 역할을 바꿔서 놀이를 진행해 보세요. 아이는 무대 연출가가 되는 즐거움을 느낄 수 있습니다. 다양한 물건이나 과자, 사탕을 준비해서 활동의 재미를 더해 주세요.

8. 연습문제

해답 145쪽

01 아래 왼쪽 그림과 같이 커튼 뒤로 세 가지 물건을 넣었습니다. 그리고 커튼을 걷어 보니 아래 오른쪽 그림과 같은 물건이 있었습니다. 커튼 뒤에 있었던 물건은 무엇인지 그림에 ○ 표시 하세요.

02 상자 안에 동그라미와 세모를 넣었더니 아래 오른쪽 그림과 같이 되었습니다. 처음 상자 안에는 무엇이 있었는지 ○ 표시해 보세요.

03 커튼 뒤에 배우 A, B, C가 있습니다. 나중에 배우 몇 명이 커튼 뒤로 또 들어갔습니다. 커튼이 열리자 배우 A, B, C, D, E, F가 나타났습니다. 나중에 들어간 배우는 누구일까요?

04 커튼 뒤로 숫자 1, 2, 3이 들어갔습니다. 나중에 숫자 몇 개가 커튼 뒤로 또 들어갔습니다. 커튼이 열리자 숫자 1, 2, 3, 4, 5, 6이 나타났습니다. 나중에 들어간 숫자는 무엇일까요?

05 어떤 상자 안으로 구슬 5개가 들어갔습니다. 나중에 보니 구슬이 모두 8개가 되었습니다. 처음 상자 안에는 구슬이 몇 개 있었을까요?

06 다람쥐 한 마리가 도토리를 10개씩 물고 와서 자기 양식창고에 두 번 쌓았습니다. 양식창고에는 도토리가 얼마나 생겼을까요? 이 장면을 그림으로 그려 보세요.

양식창고　　　　　　　　　　밖

07 다람쥐 한 마리가 자기 양식창고에서 도토리 10개를 물고 밖으로 나왔습니다. 그래도 양식창고에는 도토리가 12개나 남았습니다. 그렇다면 처음 양식창고에 있었던 도토리는 몇 개일지 그림으로 그려 보세요.

08 다람쥐 1마리가 도토리 10개를 물고 자기 양식창고로 돌아왔습니다. 그랬더니 양식이 도토리 20개, 잣이 7개가 되었습니다. 그렇다면 처음 양식창고에는 무엇이 얼마나 있었을지 그림으로 그려 보세요.

9. 무엇이 있었을까?

종이상자나 쇼핑백도 버리지 마세요. 평범한 상자나 쇼핑백도 아이들과 함께하는 연산 활동의 멋진 도구가 됩니다. 여러 가지 물건을 넣고 빼다 보면 저도 모르게 더하기 빼기의 즐거움을 알게 됩니다.

● 준비물: 내용물이 보이지 않는 불투명한 쇼핑백이나 주머니, 여러 가지 물건

● 더하기 활동

1. 여러 가지 물건 4개 정도를 준비해 주세요.

2. 그중 1개를 아이 몰래 쇼핑백에 넣어 두세요.

3. 엄마가 무엇을 넣었는지 아이가 쇼핑백을 들어 무게를 가늠하거나 흔들어 보기도 하면서 추리해 보도록 합니다.

4. 이번에는 아이가 직접 물건 1개를 골라 쇼핑백에 더 넣도록 해 주세요.

5. 쇼핑백 안의 물건을 모두 꺼내어 처음에 넣어 두었던 물건이 무엇인지 아이가 알아맞혀 보게 합니다.

6. 아이의 수준에 맞추어 물건의 개수를 늘려 가며 위의 활동을 반복해 보세요.

  * 이 활동을 수학적인 내용으로 바꾸면 오른쪽 그림과 같습니다. 엄마가 이러한 구조를 이해하고 아이를 지도하는 것이 효과적입니다.

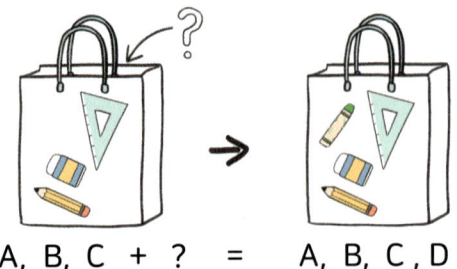

A, B, C + ? = A, B, C, D

● 빼기 활동

1. 아이와 함께 물건 4개를 골라 쇼핑백에 넣어 주세요.

2. 그런 다음 아이가 보지 못하게 쇼핑백 안의 물건을 빼 주세요. 이때 빼는 물건의 개수를 알려 주세요.

3. 쇼핑백 안의 물건을 모두 꺼낸 다음, 빠진 물건이 무엇인지 아이가 알아맞히게 해 주세요.

4. 넣고 빼는 물건의 개수를 달리하며 놀이를 반복해 보세요.

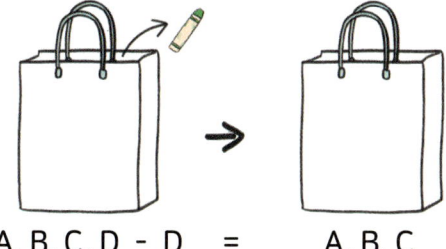

A, B, C, D - D = A, B, C

불닭활동
● 말로만 더하고 빼고

1. 앞의 놀이를 충분히 반복하고 난 후 이번에는 엄마의 말만 듣고 아이가 머릿속으로 더하기 빼기 놀이를 하게 해 주세요.

2. 이 활동에서는 아이가 엄마의 설명만 듣고 수를 알아맞혀 보는 것이 중요합니다. 직접 활동을 할 때보다 대화로만 하는 활동이 아이가 더 치열하게 생각하도록 만들어 주기 때문이지요.

3. 아래 〈보기〉를 참고하여 다음 식에 나오는 대로 과일의 종류와 수를 달리해 가며 물어봐 주세요.

〈보기〉
"사과 2개를 어떻게 했더니 사과 5개가 되었어. 어떤 일을 했을까?."
사과 2개 + ☐ = 사과 5개

- 사과 2개 + ☐ = 사과 2개, 배 3개   ☐ = 배 3개
- 사과 2개 + ☐ = 사과 2개, 배 1개, 감 2개   ☐ = 배 1개, 감 2개
- ☐ - 사과 2개 = 사과 3개   ☐ = 사과 5개
- ☐ - 사과 2개 = 배 3개   ☐ = 사과 2개, 배 3개
- ☐ - 사과 2개 + 배 3개 = 배 3개   ☐ = 사과 2개
- ☐ + 사과 2개 + 배 3개 = 사과 2개, 배 3개 ☐ = 아무것도 없음

 **TIP** 엄마가 미리 충분히 생각해 보고 문제를 만드는 것이 좋습니다. 문제 수도 한두 개에 그치지 말고 다섯 개 이상이 되어야 아이의 머릿속에 한 번 일어난 사고활동을 힘있게 끌고 나갈 수 있습니다. "몇 개 남았을까?"라는 질문을 하면 아이는 답만 생각하지만 "무슨 일이 생겼을까?"라고 물으면 다양한 사고를 하게 됩니다.

9. 연습문제

해답 147쪽

01 왼쪽 그릇에 새로 무언가를 넣었더니 오른쪽 그릇과 같이 되었습니다. 새로 넣은 것이 무엇인지 찾아서 표시하세요.

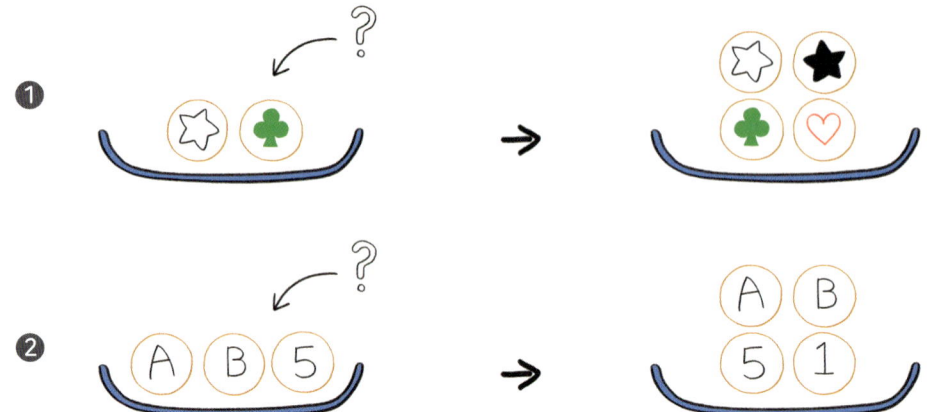

불닭문제

02 왼쪽 그릇에서 무언가를 뺐더니 오른쪽 그릇과 같이 되었습니다. 왼쪽 그릇에 처음 들어 있던 것은 무엇일까요?

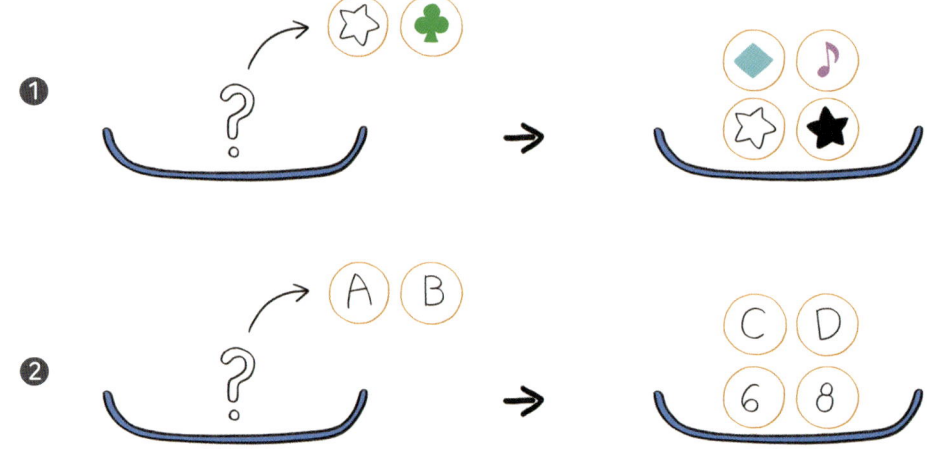

03 왼쪽 그릇에서 무언가를 넣고 뺐더니 오른쪽 그릇과 같이 되었습니다. 왼쪽 그릇에 처음 들어 있던 것은 무엇일까요?

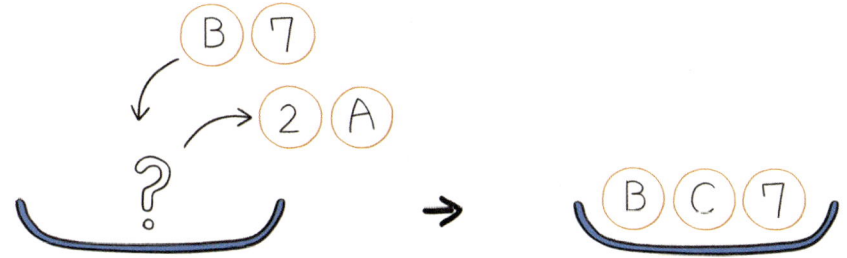

 '불닭문제'는 한꺼번에 풀지 않아도 좋습니다. 아이가 힘들어하면 일단 넘어가세요.

04 엄마가 싸 주신 도시락에 김밥 2줄과 초밥 3개, 과일 4조각이 들어 있습니다. 내가 먹은 것은 김밥 한 줄과 초밥 2개 그리고 나머지는 남김없이 다 가지고 집으로 돌아왔습니다. 도시락에 무엇이 남아 있을지 그림으로 그려 보세요.

 사실 이 문제의 목적은 사물을 보고 머릿속에서 그 핵심 속성만 남기고 불필요한 부분을 제거하는 능력을 기르는 것입니다. 아이는 김밥을 보면 처음에는 김도 그리고, 단무지와 당근도 그리죠. 하지만 이 과정이 반복되면 막대기 하나와 같이 아주 단순화된 이미지로 김밥을 표현해 냅니다. 아이에 따라 음식을 실제 모양 그대로 그리기도 하고, 추상화시킬 수 있는 아이는 이미지를 곧바로 단순화시켜서 표현하기도 합니다.
문제를 빨리 풀리고 넘어가고 싶은 마음에 열심히 그리고 있는 아이를 재촉하지 마세요. 예쁘게 그리고 싶은 아이의 마음을 충분히 알아 주고 기다려 주면 다음부터는 예쁘게 그려 보라고 해도 아이가 먼저 지극히 추상화된 이미지로 나타냅니다.

10. 얼마나 있었을까?

지금까지는 사라진 물건을 알아맞혀 보며 관찰력과 기억력을 유감없이 발휘해 보았습니다. 이번에는 보이지 않는 개수에 집중해 볼까요? 수에 집중하려면 알갱이의 크기와 모양, 색깔이 일정한 것이 좋습니다. 색깔이나 모양이 제각각 다르면 생각을 방해하기 때문이지요. 상자에 넣고 빼는 알갱이 수를 달리하며 아이와 함께 더하기 빼기 놀이를 해 보세요.

- 준비물: 뚜껑이 있는 통, 알갱이는 편백나무 칩, 공깃돌, 바둑돌, 되도록 같은 색깔과 모양의 레고 조각 등으로 자유롭게 준비해 주세요. 알갱이가 많아도 좋지만 20개 정도면 아이와 더하기 빼기 놀이 활동을 충분히 할 수 있습니다.

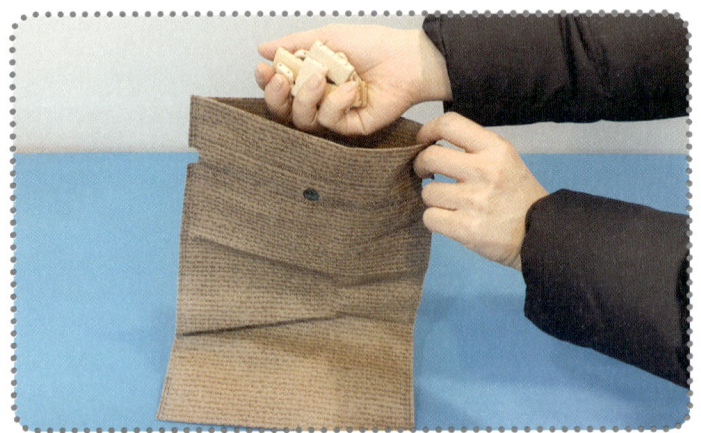

 2 + 3 = □, 3 + □ = 5, □ + 3 = 5, 이 세 문제를 보는 아이들의 느낌은 각각 다릅니다. 똑같은 구조임에도 불구하고 첫 번째 문제는 쉽게 받아들이지만, 나머지 두 문제처럼 중간에 네모가 나오면 어렵다고 생각합니다. 첫 번째 문제와 나머지 두 문제를 대할 때 사고가 전개되는 방향이 각기 다르기 때문이죠. 따라서 이 단원에 나오는 활동을 따라하다 보면 문제 유형에 따른 아이들의 심리적 부담이 크게 줄어듭니다.

🔵 알갱이를 넣고 뚜껑을 닫아 주세요

1. 준비한 통에 아이가 모르게 알갱이를 2개 넣고 뚜껑을 닫아 주세요. 이때 통 안에 넣는 알갱이의 수는 아이의 연령과 능력에 맞게 적절히 조절해 주세요.

2. 아이가 원하는 개수만큼 추가로 알갱이를 직접 통에 넣습니다. 이때 아이가 통 안을 보지 못하게 뚜껑을 조금만 열었다 닫아 주세요.

3. 통 안에 알갱이가 몇 개나 되는지 아이가 통을 흔들어 보고 가늠해 보도록 합니다.

4. 통을 열어서 통 안에 들어 있는 알갱이의 개수를 모두 세어 보게 합니다.

5. 처음에 넣어 두었던 알갱이는 몇 개일지 아이에게 물어보세요.

6. 이번에는 아이가 자신이 넣었던 알갱이의 수만큼 다시 빼도록 합니다.

7. 남은 알갱이가 처음 넣어 두었던 알갱이의 수와 같은지 아이가 확인하도록 해 주세요.

아래는 위와 같은 활동을 간단한 그림을 거쳐 식으로 나타낸 예입니다.(물음표는 엄마는 알고 아이는 모르는 개수를 표시한 것입니다.)

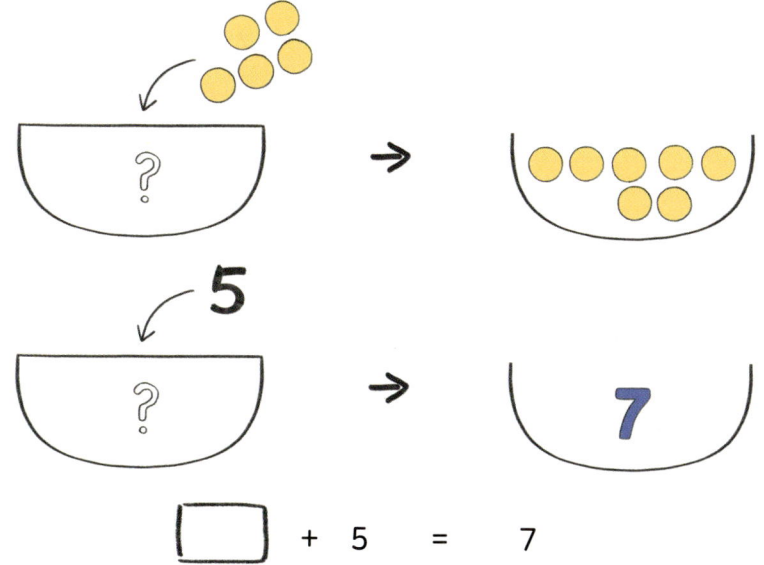

"왜 수가 커졌을까? 얼마나 커졌을까? 그걸 알려면 어떻게 하면 좋을까?"

해결 식   7 - 5 = ☐

(☐ = 2)

알갱이를 빼고 뚜껑을 닫아 주세요

1. 아이가 모르게 통 안에 알갱이 12개를 넣고 뚜껑을 닫아 주세요.

2. 아이가 직접 통에서 원하는 개수만큼 알갱이를 꺼내어 앞에 놓아 두게 합니다. 이때 역시 뚜껑을 이용하여 아이가 통 안을 보지 못하도록 해 주세요.

3. 통 안에 남은 알갱이가 몇 개나 되는지 아이가 통을 흔들어 보고 가늠해 보도록 합니다. 눈으로 보지 않은 상태에서 통을 흔들어 보고 알갱이의 개수를 가늠해 보는 과정을 통해, 아이의 사고력이 쑥쑥 자라납니다.

4. 직접 통을 열어서 확인하고 처음에 있었던 알갱이의 수를 맞혀 보게 합니다.

5. 이번에는 아이가 빼 두었던 알갱이를 다시 통 안에 넣고 처음에 있던 알갱이 수와 비교해 보도록 해 주세요.

6. 알갱이의 개수를 바꾸어 가며 활동을 2~3회가량 반복해 주세요.

아래는 위와 같은 활동을 간단한 그림을 거쳐 식으로 나타낸 예입니다.(물음표는 엄마는 알고 아이는 모르는 개수를 표시한 것입니다.)

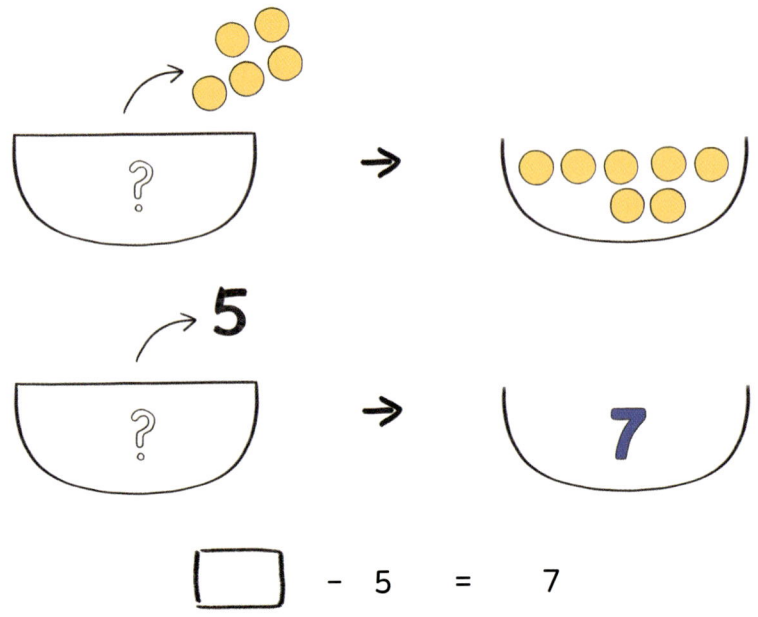

"5를 빼고도 7이 남았네? 도대체 얼마나 있었을까?"

해결식   7 + 5 = ☐

(☐ = 12)

더하고 빼는 연속 활동

1. 아이가 모르게 통 안에 알갱이 4개를 넣고 뚜껑을 닫아 주세요.

2. 아이가 통 안에서 알갱이 2개를 꺼내고 다시 5개를 넣도록 합니다. 이때 아이가 통 안을 보지 않게 뚜껑을 살짝 열었다 닫아 주세요.

3. 아이가 통을 흔들어 보고 남은 알갱이의 개수를 가늠해 보도록 합니다.

4. 직접 통을 열어서 확인하고 처음에 있었던 알갱이의 수를 알아맞혀 보게 합니다.
   (물음표는 엄마는 알고 아이는 모르는 개수를 표시한 것입니다.)

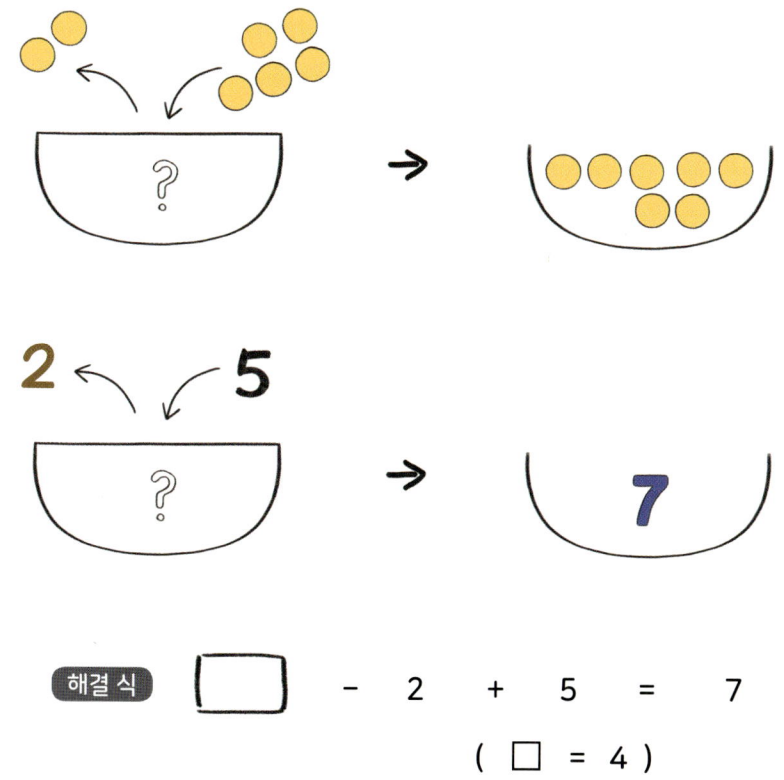

해결식   □ − 2 + 5 = 7
         (□ = 4)

TIP 말이 놀이이지 엄연한 학습활동이므로 놀이를 구성하는 수학적인 구조를 모르고 실행 하다 보면 엄마는 힘들고, 아이는 짜증을 내기 쉽습니다. 따라서 놀이를 하기 전에 엄마가 위 그림으로 나타낸 수학적 구조를 정확히 알고 있는 것이 좋습니다. □ + 3 = 5를 보고 더하기 기호만 나온다고 해서 덧셈식으로만 생각해서는 안 됩니다. 이 문제의 답을 구하려면 반드시 5에서 3을 빼는 뺄셈 과정을 거쳐야 하지요. 따라서 덧셈식에서는 더하기만, 뺄셈식에서는 빼기만 일어나는 게 아니라 언제든지 두 연산이 동시에 발생한다는 사실을 염두에 두시기 바랍니다.

10. 연습문제

해답 148쪽

01 연산 기호에 맞도록 빈 곳에 알맞은 그림을 그리세요. 빈 곳에는 반드시 그림이 들어가야 합니다.

❶ ☐ + 🟢◗ = 🟢⬭

❷ 🔺🔺 + 🔺🔺🔺 − ☐ = 🔺🔺

❸ 🌳🌳🌳 − ☐ − ☐ = 🌳

❹ ☐ = ⬟⬟⬟ − ⬟⬟⬟ − ⬟

불닭문제

02 다음에서 같은 모양은 같은 수나 기호를 나타냅니다. 빈 곳에 알맞은 그림을 그리세요.

❶ ☐ + ☐ + ☐ = ●●●●●●●●●●●●

❷ ////// − △ − △ = //

03 각각의 모양이 나타내는 수를 쓰세요.

3 + 3 = ●   ● + ● = 🔺

🔺 + ● = ⬟   ⬟ + ╱ = 20

● = ☐ , 🔺 = ☐ , ⬟ = ☐ , ╱ = ☐

11. 누가 있었을까?

캄캄한 밤, 불을 끄고 라디오에서 나오는 소리에만 집중했던 경험이 있으신가요? 여기 원숭이의 생일 파티에 초대된 동물 친구들의 이야기를 들려주세요. 엄마표 동화를 가만히 듣다 보면 어느새 더하기와 빼기를 연습하게 되지요. 상상력, 집중력, 사고력, 기초 연산력이 함께 올라갑니다.

- 준비물: 책 뒤쪽 〈활동지〉에서 이름표를 오려서 활용해 주세요. 동물 이름표(원숭이, 원숭이 동생, 곰, 비둘기, 사자, 여우, 참새, 제비, 까치, 뻐꾸기), 같은 크기의 알갱이 30여 개

★ 엄마가 들려주는 이야기에 아이가 집중하도록 해주세요. 아이의 사고력은 집중해서 들을 때 가장 활발하게 일어납니다. 오로지 듣는 것만으로 문제를 해결하도록 도와주세요. 아래 이야기를 참고로 다양한 스토리를 만들어 보셔도 좋습니다.

● 이야기 1 (원숭이의 생일 파티)

오늘은 원숭이의 생일이야. 곰과 비둘기는 얼른 가서 친구들과 놀고 싶은 마음에 아침 일찍 원숭이네 집에 도착했어. 그런데 곰이 휴대폰을 두고 왔지 뭐야. 그래서 곰은 그걸 가지러 집으로 돌아갔어.
그런 후에 원숭이와 나머지 친구는 '똑똑똑!' 소리를 들었어. 누가 왔나?
"얘들아, 안녕? 우리도 왔어." 하며 사자와 여우가 집으로 들어왔어.
"나도 왔는데." 하며 참새가 뒤따라 들어왔어.

자, 지금 원숭이네 집에 있는 동물들은 누구누구일까?

동물 이름표

원숭이네 집에 누가 있는지 이름표 두는 곳

★ 책 뒤쪽 〈활동지〉에서 동물 이름표를 오려서 놓아 보세요.

위 활동은 다음과 같은 과정을 거쳐서 식으로 연결됩니다.

| 원숭이, 곰, 비둘기 | − | 곰 | + | 사자, 여우, 참새 | → | 원숭이, 비둘기, 사자, 여우, 참새 |

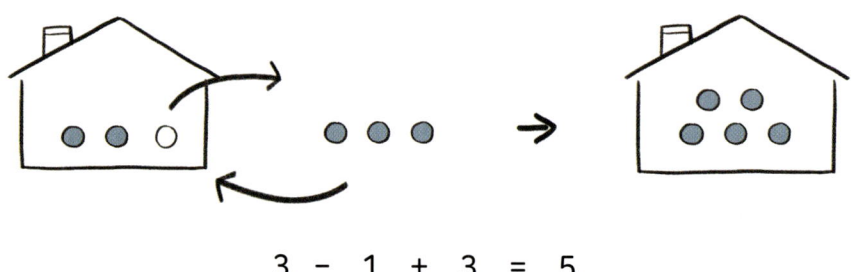

$$3 - 1 + 3 = 5$$

TIP 학습지 속에 있는 것만이 연산이 아닙니다. 우리가 경험하는 모든 것이 연산이지요. 우리 모두가 깨달아야 할 부분이 바로 이 점입니다. 오로지 계산만 무한반복시키는 일은 아이의 사고활동에 오히려 독이 될 수 있습니다. 연산을 단순 계산으로만 생각하는 것은 사실 연산에게는 엄청 미안한 일입니다.

● 이야기 2 (원숭이네 집에 새로 도착한 친구들)

곰은 휴대폰을 집어들고 다시 원숭이네로 가고 있었어.
"얼른 가야 친구들과 더 많이 놀 수 있는데."
열심히 뛰어가던 곰 옆으로 제비와 까치가 다가왔어.
"어딜 그렇게 뛰어가니?"
"원숭이 생일 파티에 가는 길이야. 너희들도 같이 갈래?"
친구들은 모두 "좋아 좋아~~" 하면서 다 같이 원숭이네 집으로 신나게 뛰어갔어.

와우~ 원숭이네 집이 친구들로 가득찼네.
그럼 이제 원숭이네 집에 있는 동물들은 누구누구일까?

누가 있는지 이름표 두는 곳

| 원숭이
비둘기, 사자, 여우,
참새 | + | 곰, 제비, 까치 | → | 원숭이,
비둘기, 사자, 여우,
참새, 곰, 제비, 까치 |

5 + 3 = 8

● 이야기 3 (마당에 나가서 놀까?)

원숭이가 준비한 음식을 동물 친구들이 다 먹고 거실에 모여 TV를 보고 있네.
그때, 뻐꾸기가 창문으로 들어왔어.
"얘들아, 늦어서 미안해. 그런데 왜 심심하게 집 안에만 있어?"
"그러면 우리 마당으로 나가서 놀자!"
비둘기, 참새, 제비, 까치가 뻐꾸기와 함께 창문 밖으로 포로롱 날아갔어.
"어? 새들이 어디 갔지?"
TV에 정신이 팔려 있던 곰이 물었어.
"뭐야, 새들이 우리들만 빼고 다 나가 버렸네!"
원숭이, 여우, 사자가 소리쳤어.

집 안에 있는 친구들은 모두 몇 명이지?

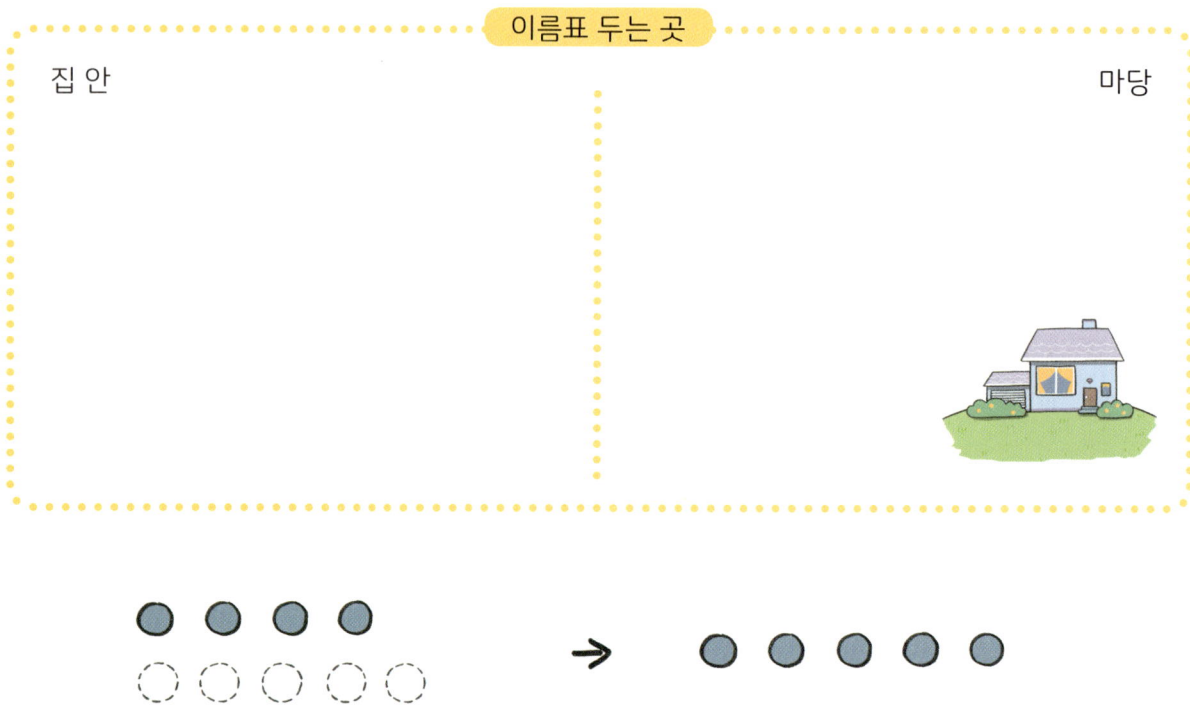

그럼 어디에 있는 친구가 더 많을까?
몇 명이 더 많지?

이야기 4 (가위바위보로 팀을 나눠요)

"우리도 나가자."
집 안에 있던 친구들도 모두 우르르 마당으로 나갔어.
"그럼, 뭐하고 놀까?"
"두 팀으로 나누어 고리 던지기 놀이 어때?"
"좋아! 우리 두 명씩 짝을 지어 가위바위보로 두 팀으로 나눠 보자."

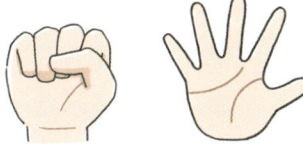

이런, 짝이 없어 가위바위보를 못 하는 친구가 있네.

 **TIP** 이렇게 두 명씩 짝을 지을 때 짝을 짓지 못하고 홀로 남는 수를 '홀수'라고 알려 주세요.

"안 되겠다. 한 명 더 필요해. 그래야 똑같이 팀을 나눌 수 있어."
원숭이는 옆집에서 놀고 있던 동생을 데려왔어.
다들 짝이 생겨서 가위바위보를 했지.

가위바위보의 결과를 여러분이 상상해서 동물 친구들을 두 팀으로 나눠 보세요.

이름표 두는 곳

이긴 팀	진 팀

 **TIP** 이렇게 두 명씩 짝을 지을 때 모든 사람이 짝을 짓고 남는 사람이 없으면 그런 수를 '짝수'라고 알려 주세요.

담장 너머까지 들리는 친구들의 노는 소리에 원숭이네 집 앞을 지나가던 쌍둥이 토끼 형제도 놀러 왔습니다.
이제 모두 12명이 되었으니 여러 팀으로 나누어 더 신나게 놀 수 있겠네요.
팀 별로 똑같은 수의 동물이 들어갈 수 있게 나누어 보세요.
이제는 동물 이름표 대신 알갱이를 써도 문제 없이 나눌 수 있겠죠?

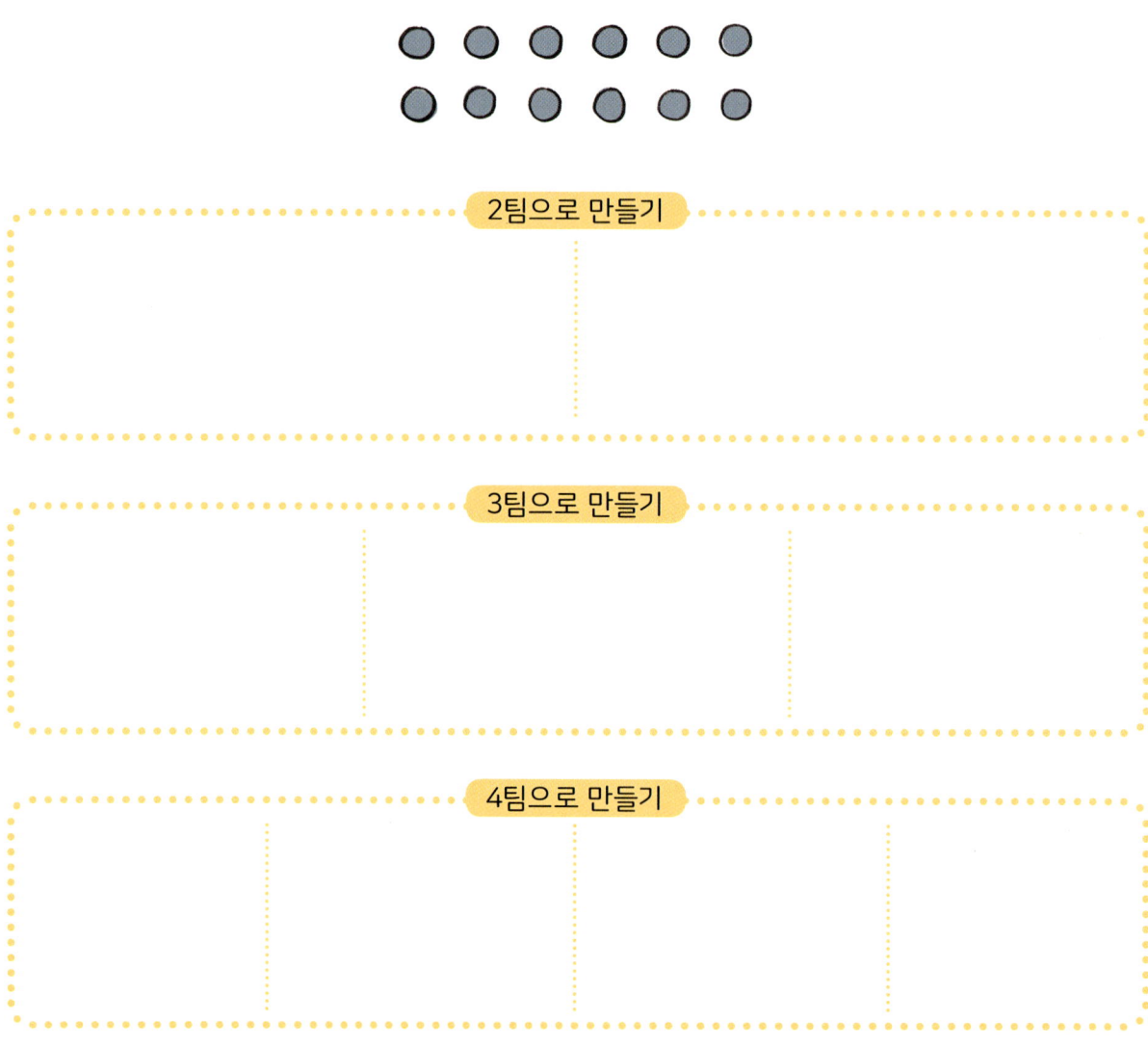

2팀으로 만들기

3팀으로 만들기

4팀으로 만들기

TIP 아이는 아마도 알갱이를 팀 별로 하나씩 놓아 가며 나눌 겁니다. 이걸 언제 다 하나씩 놓고 있나 하는 생각에 보고 있는 엄마는 속이 타고 아이 대신 알갱이를 한꺼번에 나누어 놓아 주고 싶어 손이 근질거릴 수 있지요. 하지만 그렇게 하나씩 놓는 과정이야말로 수학적 사고의 출발입니다. 반드시 거쳐야 하는 과정이죠. 그러니 엄마, 제발 기다려 주세요!

Part 02
11. 연습문제

해답 149쪽

01 이번에는 친구들이 더 많이 있을 때 팀을 여러 개로 나누면 어떻게 되는지 알아보려고 합니다. 우선 친구 12명을 표에 제시된 것처럼 나누어 보세요.

	사람 수	한 팀의 사람 수	팀 수	남는 사람 수
보기	12	2	6	0
	12	3		
	12	4		
	12	5		
	12	6		

 **TIP** 수를 모으고 가르는 활동이 익숙하지 않은 아이는 알갱이 같은 구체물을 이용해서 활동을 해 본 후 표를 완성하게 하세요.

(경험담) 위의 활동은 뚜렷한 나눗셈 과정입니다. 아이들은 흔히 '나눗셈'은 안 배워서 모른다고 합니다. 그러면서도 나누는 행위는 잘합니다. '나눗셈'이라는 단어를 들어 보지도 못한 아이들도 사탕이나 과자를 받으면 능숙하게 나누어 먹지요. 나누기와 나눗셈은 다른 것이라고 생각을 하기 때문입니다. 사실 나눗셈은 나누는 행위를 수식으로 나타낸 것일 뿐입니다. '나눗셈'을 따로 가르치려고 너무 애쓰지 마세요. 아이들로 하여금 일상생활에서 충분히 나누어 보게 해 주시고 그 행위가 사실은 나눗셈이라고 나중에 용어 정리만 해 주세요.

02 친구들이 모두 24명일 때 아래 표의 빈칸을 채우세요.

	사람 수	한 팀의 사람 수	팀 수	남는 사람 수
보기	24	12	2	0
	24		3	0
	24	6		0
	24		6	0

TIP 수학 교구가 화려하고 구체적이면 좋을 것이라고 생각하지만 오히려 그 반대입니다. 수학적 개념 형성에는 교구가 단순할수록 효과적입니다. 개념 형성에 불필요한 시각적·청각적 요소 등에 사로잡히는 일이 없어야 명료한 사고가 가능하기 때문이지요. 개념을 이해하고 치열하게 사고한 후 논리를 파악해야 수학적 바탕이 이루어지는데, 교구의 색깔이 알록달록하고 모양이 복잡하고 색다르면 아이의 시선과 관심이 이런 부분에 쏠리기 쉽습니다.
아이가 수학 놀이를 할 때만큼은 온갖 색이 가득하고 신기한 소리가 나는 교구에 집중하기보다 '다양한 수'와 '그 속에서 일어나는 논리적 흐름' 등 수학적 과정에 집중할 수 있도록 엄마가 신경 써 주세요. 불필요한 자극을 줄이고 단 5분, 10분이라도 엄마가 먼저 몰입하는 모습을 보여 줘야 아이도 그 몰입의 힘을 배웁니다.

03 친구가 모두 25명일 때 아래 표의 빈칸을 채우세요.

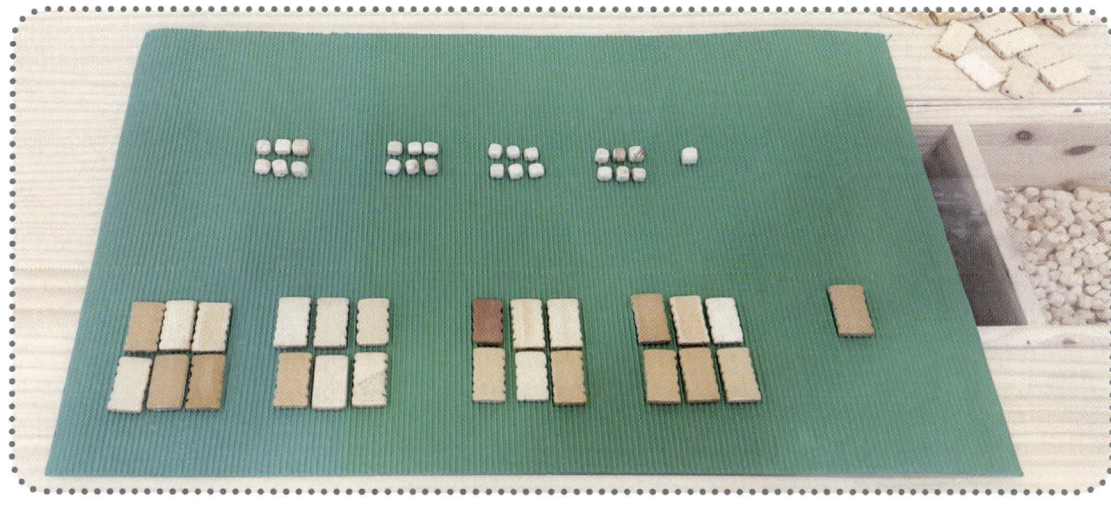

	사람 수	한 팀의 사람 수	팀 수	남는 사람 수
보기	25	2	12	1
	25	3	8	1
	25	4	6	1
	25	5	5	0
	25	6	4	1

TIP 이 표는 달력 뒷장이나 스케치북에 크게 그려 놓고 실행해도 좋습니다. 엄마가 무엇이든 주변에 있는 물건을 적절히 사용하는 모습은 그 자체로 아이에게 좋은 가르침이 되지요.

04 친구들이 모두 36명일 때 아래 표의 빈칸을 채워 보세요.

	사람 수	한 팀의 사람 수	팀 수	남는 사람 수
보기	36	4	9	0
	36		7	1
	36		6	0
	36	7		1
	36	8		
	36		4	0

위의 내용을 이제 알갱이로 묶어서 생각해도 좋고 직접 그림을 그려 가며 생각해도 좋습니다.

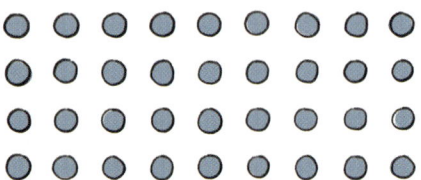

36 ÷ 4 = 9

TIP 빈칸을 채워 가며 어느 정도 묶음과 나머지의 개념을 연습한 후에는 알갱이 같은 구체적인 물건 없이도 더하기, 빼기, 곱하기, 나누기를 식으로 나타낼 수 있도록 도와주세요. 이때 구구단부터 억지로 외우게 해서 문제를 빨리 풀어내도록 강요하면 안 됩니다.
조금 느리더라도 아이가 알갱이들을 직접 묶어 보고, 나눠도 보고, 나머지 남은 수도 세어 보면서 놀이하듯 자연스럽게 수학 개념을 깨닫도록 도와주세요. 일단 개념이 형성되고 나면 아이들은 구체물이나 그림을 오히려 답답해합니다. 식의 간결함과 명쾌함을 통해 아이는 수학의 매력을 느끼게 됩니다.

12. 과자 속에도 수학이?

간식을 먹는 중에도 덧셈과 뺄셈은 끊임없이 일어나고 있지요. 엄마가 준비해 주신 과자를 먹다 보니 그 수가 자꾸 줄어드네요! 먹어 버린 과자 수, 처음에 담겨 있던 과자 수를 곰곰이 따져 보세요. 어느덧 자연스럽게 더하기 빼기가 이루어집니다.

● 준비물: 알갱이의 크기가 고르고 개수가 많은 과자(부스러진 것은 미리 제외시켜 주세요.)

● 남은 수 구하기

과자 알갱이 20개를 아이 앞에 놓고 아래와 같이 다양하게 질문해 보세요. 아이가 이 활동에 익숙해지면 과자 없이도 진행할 수 있습니다.

1. "과자를 3개 먹으면 몇 개 남을까?"

    20 - 3 = ?

2. "과자를 3개씩 2번 먹으면 몇 개 남을까?"

    20 - 3 - 3 = ?

3. "과자를 4개씩 2번 먹으면 몇 개 남을까?"

    20 - 4 - 4 = ?

4. "과자를 4개씩 3번 먹으면 몇 개 남을까?"

    20 - 4 - 4 - 4 = ?

5. "과자를 3개 먹고 5개 받았어. 몇 개 남았을까?"

    20 - 3 + 5 = ?

6. "과자를 4개씩 2번 먹고 7개 받았어. 몇 개 남았을까?"

    20 - 4 - 4 + 7 = ?

● 작용한 수 구하기

1. 과자 20개를 어떻게 했더니 7개로 줄었습니다. 어떻게 했을까요?

    20 [?] = 7

2. 과자 20개를 어떻게 했더니 22개가 되었습니다. 어떻게 했을까요?

    20 [?] = 22

3. 과자 30개를 어떻게 했더니 그대로 있었습니다. 어떻게 했을까요?

    30 [?] = 30

불닭문제

● 처음 수 구하기

1. 과자를 3개씩 3번 먹었더니 7개 남았습니다. 처음에 몇 개 있었을까요?

    [?] − 3 − 3 − 3 = 7
           − (3 + 3 + 3)
           − (3 × 3)

2. 과자를 4개씩 2번 먹었더니 7개가 남았습니다. 처음에 몇 개 있었을까요?

    [?] − 4 − 4 = 7
           − (4 + 4)
           − (4 × 2)

3. 과자를 3개씩 2번 먹고 5개 받았더니 10개 남았습니다. 처음에 몇 개 있었을까요?

    [?] − 3 − 3 + 5 = 10

TIP 문제를 보면 바로 식이 떠오르는 아이라면 굳이 구체물을 가지고 활동을 시킬 필요가 없습니다. 그 반대의 아이라면 굳이 식을 강요하지 마세요. 계속 식을 강요하다 보면 문제를 푸는 방법을 외우려는 경향이 생깁니다. 그러니 조급해하지 말고 차근차근 활동을 따라하도록 해 주세요. 반복된 체험은 느리더라도 반드시 식으로 남게 됩니다.

 **13. 이 소리가 뭘까?**

소리를 듣고 소리로 답하는 손뼉치기 놀이는 자투리 시간을 틈틈이 활용해서 수 감각을 기르는 데 좋습니다. 아이는 엄마가 테이블을 몇 번 두드리는지 소리를 잘 듣고, 그 수만큼 손뼉을 쳐서 답을 해야 하기 때문에, 수 감각은 물론 집중력 및 운동 감각까지 높일 수 있지요. 그럼 이제부터 서로 손뼉으로 대화해 볼까요?

● 준비물: 없음

"자, 엄마가 테이블을 칠 테니까 몇 번 치나 잘 들어 봐. 엄마 손은 쳐다보지 말고 다 듣고 나서는 네가 들었던 수만큼 손뼉을 쳐야 해."

● 소리를 듣고 소리로 답해요

1. 엄마가 손으로 테이블 밑을 칩니다. 이때 아이가 엄마의 손동작을 보지 못하게 해 주세요. 눈에 보이지 않으면 소리에만 집중하고 호기심이 더 생기게 됩니다.
2. 엄마가 테이블을 치는 횟수를 잘 기억했다가 아이가 똑같은 수로 손뼉을 치도록 합니다.
3. 엄마는 일정한 속도로 테이블을 칠 수도 있고, 리듬을 달리해서 칠 수도 있습니다. 예를 들어 5회를 친다고 할 때 아래 표와 같이 다양한 방법으로 칠 수 있습니다.
4. 손 대신 연필, 볼펜, 물병 등 재료를 달리해 가며 치면 소리도 다르고 느낌도 다릅니다.

손뼉 치는 방법
톡톡톡톡톡(일정하게)
톡　톡톡톡톡
톡톡　톡톡톡
톡톡톡톡　톡

 **TIP** 보기에 간단한 활동 같죠? 하지만 활용도가 매우 높은 놀이입니다. 언제, 어디서나, 아무 준비 없이도 할 수 있어서 모두에게 부담이 없죠. 말하자면 엄마 자체가 교구인 셈입니다. 장거리 여행을 하면서 아이가 따분해할 때 손뼉치기 놀이를 해 보세요. 아이는 공부하는 줄도 모르고 즐기게 되고 엄마는 잘 놀아 주는 엄마의 역할을 하며 사실은 짧은 수학 공부를 시키는 일석이조의 효과를 누리게 됩니다. 리듬과 스피드를 적절히 바꿔 주면 재미의 강도가 달라집니다.

● 듣고 더 치기

1. 엄마가 테이블 치는 소리를 듣고 엄마가 친 횟수보다 아이가 손뼉을 한 번 더 치기로 약속합니다. ($x + 1$)

엄마가 치는 횟수	1	2	3	…
아이가 치는 횟수	2	3	4	…

2. 두 번 더 치기, 세 번 더 치기 등으로 손뼉 치는 횟수를 늘려 활동해 보세요.

3. 역할을 바꾸어서 아이가 테이블을 치고 엄마가 손뼉을 치는 활동도 할 수 있습니다. 이때, 엄마가 일부러 틀려 보면서 아이가 잘 지적할 수 있는지 확인해 보세요.

● 듣고 덜 치기

1. 엄마가 테이블 치는 소리를 듣고 엄마가 친 횟수보다 아이가 손뼉을 한 번 덜 치기로 약속합니다. 듣고 더 치기와 구조는 같습니다. ($x - 1$)

엄마가 치는 횟수	3	2	1	…
아이가 치는 횟수	2	1	0	…

2. 두 번 덜 치기, 세 번 덜 치기 등으로 손뼉을 덜 치는 횟수를 늘려 봅니다.

3. 역시 엄마와 아이가 역할을 바꾸어 가며 실행해 보세요.

● 약속한 수 완성하기 (보수 찾기)

1. 엄마가 테이블을 치는 횟수와 아이가 손뼉 치는 횟수를 더해 7을 완성하기로 약속합니다. ($x + y = 7$)

엄마가 치는 횟수	1	2	7	…
아이가 치는 횟수	6	5	0	…

2. 10 완성하기, 또는 더 큰 수 완성하기도 해 봅니다.

3. 이번에는 아이가 먼저 테이블을 치고 엄마가 손뼉으로 나머지 횟수를 쳐서 약속한 수를 완성해 보세요.

13. 연습문제

해답 150쪽

01 엄마와 아이 두 사람이 합쳐서 손뼉을 모두 15번 치기로 약속했습니다. 다음 표는 엄마와 아이가 손뼉 친 횟수를 나타낸 것입니다. 표의 빈칸에 알맞은 수를 써 보세요.

엄마	1		7	13			6
아이		4			12	5	

02 엄마가 치는 손뼉은 아이보다 5번 많습니다. 아이가 12번을 쳤다면 엄마는 몇 번을 쳤을까요?

03 아이가 엄마보다 두 번 덜 치기로 하였습니다. 그런데 두 사람이 손뼉을 친 횟수를 합치니 10번이 되었습니다. 두 사람은 각각 몇 번씩 쳤을까요?

04 네 명의 식구가 모여 똑같이 4번씩 손뼉을 치기로 하였습니다. 네 사람이 손뼉 친 횟수를 합치면 총 몇 번을 쳤을까요?

14. 휙 지나간 게 뭘까?

이제는 소리를 듣는 대신 눈으로 보고 손뼉을 쳐 봅니다. 눈 깜짝할 사이에 눈 앞으로 뭔가가 휙 지나갑니다. 잠깐이라도 한눈을 팔면 놓치게 되니 집중 또 집중! 엄마 손을 잘 보고 대답하세요.

- 준비물: 없음

● 눈으로 보고 손뼉을 쳐 보아요

1. 엄마가 손가락을 몇 개 펴서 아이에게 아주 잠깐만 보여 주고 내립니다.

2. 아이가 본 손가락 수만큼 손뼉을 치거나 테이블을 쳐서 소리를 내게 합니다. 예를 들어 엄지와 검지를 펴고 나머지 손가락은 접은 상태로 아이 앞에서 휙 지나게 하면 아이가 손뼉을 2번 치는 것입니다.

● 2배 치기와 반만 치기

1. 엄마가 손가락으로 보여 주는 수의 2배를 아이가 치기로 하고 연속 3번 시도하는 동안 틀리지 않으면 성공하는 것으로 정합니다.

엄마가 보여 주는 수	1	2	3	…
아이가 치는 횟수	2	4	6	…

2. 이번에는 엄마가 보여 주는 수의 반을 아이가 치기로 해 봅니다. 이때, 엄마가 짝수만 치지 말고 1번, 3번과 같은 홀수를 치는 것도 좋습니다.

엄마가 보여 주는 수	4	5	6	…
아이가 치는 횟수	2	2.5	3	…

#엄마 질문(아이가 홀수의 반을 손뼉으로 표현하기 난감해할 때)#
"아까보다 어렵니?"
"아까는 왜 쉬웠을까?" --- "반짜리가 없어서요."
"반을 치는 게 어려웠니?"
"네 생각에는 반을 어떻게 나타내면 될 것 같니?"

미숙하더라도 아이가 자기만의 언어나 몸짓으로 표현할 때까지 기다려 주세요.

3. 엄마가 손가락으로 보여 주는 수를 달리해 가며 활동합니다.

 아이가 어린데 ½이나 0.5 같은 '반'의 개념이 어려울까 봐 걱정하지 마세요. 소리의 크기를 반으로 줄이는 것이야 말로 멋진 ½ 개념입니다. 이 대목에서 중요한 것은 기호가 아니라 개념입니다. 기호는 차차 가르치면 됩니다.

14. 연습문제

01 누군가가 손뼉을 7번씩 두 번 쳤습니다. 몇 번 쳤는지 동그라미로 나타내 보세요.

02 누군가가 손뼉을 7번의 반을 쳤습니다. 몇 번 쳤는지 동그라미로 나타내 보세요.

03 네 사람이 순서대로 손뼉을 치기로 했습니다. 그런데 자기 앞 사람이 손뼉을 친 횟수보다 3번씩 더 치기로 했습니다. 제일 처음 손뼉을 친 사람이 4번을 쳤다면 나머지 사람들은 각각 몇 번씩 쳤는지 동그라미로 나타내 보세요.

04 네 사람이 순서대로 손뼉을 치기로 했습니다. 그런데 자기 앞 사람이 손뼉을 친 횟수보다 4번씩 더 치기로 했습니다. 세번 째에 손뼉을 친 사람이 10번을 쳤다면 나머지 사람들은 각각 몇 번씩 쳤는지 동그라미로 나타내 보세요

15. 꼭꼭 약속해

(노래) '새끼손가락 고리 걸고 꼭꼭~ 약속해.'
우리 손가락마다 수를 정해 놓고 합도 구해 보고 차도 구해 봐요. 손가락으로 얼마나 재미있게 놀 수 있는지 기대되지 않나요?

● 준비물: 없음

"손가락마다 수를 하나씩 정해 줄 거야. 잘 기억해 놔야 해. 그다음에 엄마가 손가락을 한 번에 여러 개씩 펼 테니까, 우리 손가락 수로 더하고 빼 볼까?"

● 손가락마다 수 하나씩 (약속 정하기)

1. 그림과 같이 각 손가락에 수를 정합니다.

   손가락별로 엄지는 5, 검지는 4, 중지는 3, 약지는 2, 새끼손가락은 1로 약속합니다. 주먹은 20으로 합니다.

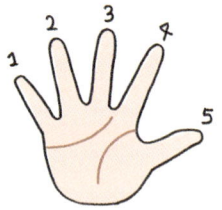

2. 아래처럼 각 손가락이 나타내는 수를 아이가 확실하게 기억할 수 있도록 도와주세요.

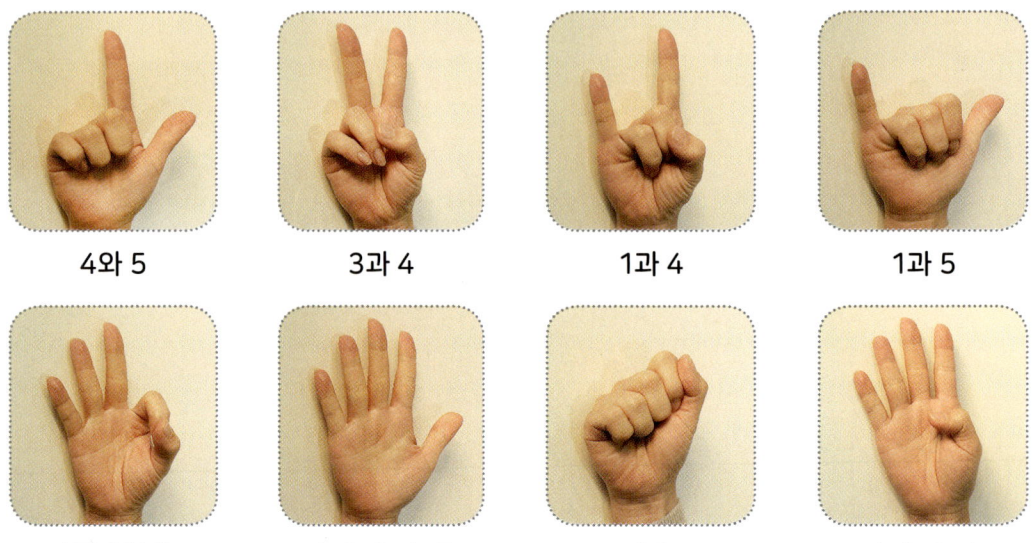

4와 5   3과 4   1과 4   1과 5

1과 2와 3   1, 2, 3, 4, 5   20   1, 2, 3, 4

약속 지키기

 <보기>
"이렇게 하면 얼마일까? 펼친 손가락의 합을(차를) 구해 봐. 단, 이 활동에서는 늘 큰 수에서 작은 수를 빼기로 약속해."
(합은 7, 차는 1이다)

1. 손가락을 두 개 펴서 편 손가락이 나타내는 수의 합과 차를 맞히도록 합니다.

2. 손가락을 세 개 펴서 편 손가락이 나타내는 수의 합을 맞히도록 합니다.

3. 손가락을 네 개 펴서 편 손가락이 나타내는 수의 합을 맞히도록 합니다.

4. 손가락을 다섯 개 펴서 편 손가락이 나타내는 수의 합을 맞히도록 합니다.

5. 4번 활동에서 새끼손가락만 남기고 접을 때 얼마가 사라졌는지 사라진 수의 합을 맞히도록 합니다.
    (15 − ☐ = 1, ☐ = 14)

6. 손가락 수를 달리하며 활동해 보세요.

7. 이번에는 양손을 사용하여 왼손과 오른손의 합과 차를 구해 봅니다. 각 손이 나타내는 수는 펴진 손가락 수의 합으로 정해 놓습니다.

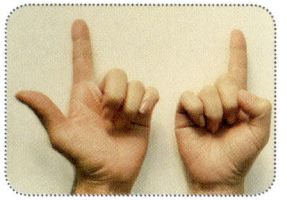
왼손 4 + 5 = 9, 오른손 4, 합은 13, 차는 5

TIP 양손의 차를 구할 때 왼손 4와 오른손 4는 비교할 필요가 없다는 것을 직관적으로 아는 아이도 있습니다.

왼손 1 + 4 = 5, 오른손 20
합은 25, 차는 15

8. 역할을 바꾸어서 아이가 손가락 수를 만들고 엄마가 맞혀 봅니다. 가끔 일부러 틀려서 아이가 정정할 수 있게 해 주세요.

9. 이번에는 엄마가 수를 말하면 아이가 손가락으로 그 수에 해당하는 손가락을 폅니다.

Part 02

15. 연습문제

해답 152쪽

01 왼손과 오른손이 나타내는 수의 합을 구하세요.

①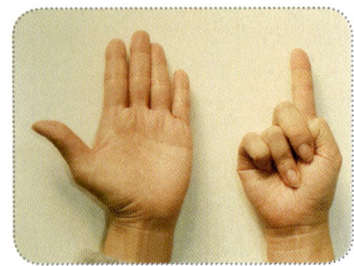

②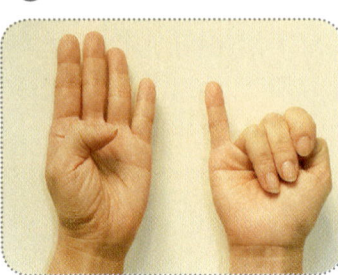

③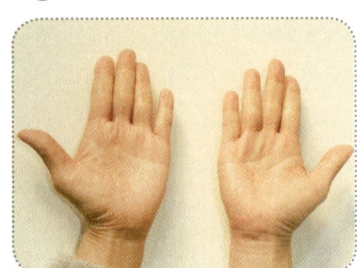

02 왼손과 오른손이 나타내는 수의 차를 구하세요.

①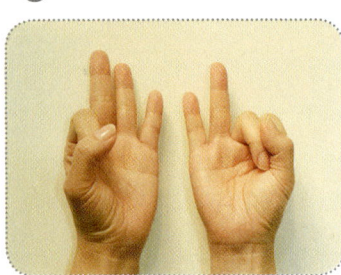

②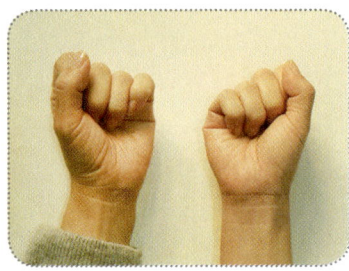

③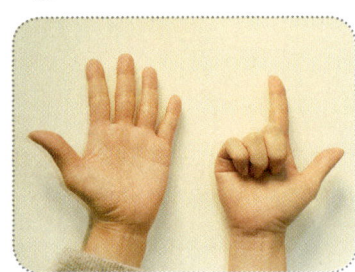

16. 난 누구게?

드디어 본격적으로 수만 가지고 활동을 할 때가 왔습니다. 두꺼운 도화지나 장판을 잘라서 활용하거나, 달력을 오려서 준비하거나, 대나무 마작 방석을 낱개로 분해하여 활용해도 좋습니다. 아이의 작은 손에 꼭 들어맞고, 눈에 잘 띄게 숫자만 써 넣을 수 있다면 무엇이든 엄마표 수 카드로 만들 수 있어요. 0~30까지 수 카드를 만들어 불투명한 통에 넣어 보거나 바닥에 늘어놓기도 하면서 덧셈, 뺄셈은 물론 짝수와 홀수 개념까지 머릿속에 쏙쏙 집어넣어 봐요.

● 준비물: 3.5cm × 3cm 정도 크기의 수 카드 0~30까지, 불투명한 통

(장판)

(달력 혹은 두꺼운 도화지)

(대나무 방석)

6과 9를 구별할 수 있도록 숫자 아래 쪽에 선을 그어 주세요.

● A. 통에 들어 있는 건 뭘까?

"수 카드 중 하나를 통에 집어넣고 그 수보다 2번 더 손뼉을 칠 거야. 그러면 ㅇㅇㅇ이가 통 속에 들어간 수를 알아맞혀 보는 거야."

1. 엄마는 아이가 모르게 속이 보이지 않는 통에 수 카드를 한 장 넣고 넣은 수보다 2번 더 손뼉을 치기로 합니다.

2. 아이는 엄마가 손뼉 치는 소리를 듣고 통 안에 있는 카드 숫자를 맞힌 다음 수 카드를 꺼내어 맞는지 확인합니다.

B. 통에 들어 있는 건 뭘까?

(수 카드 1~5까지를 보여 주며) "이걸 엎어 놓을게. ㅇㅇㅇ가 2개를 통 안에 넣어 줘. 카드를 보면 안 돼." "남은 카드를 ㅇㅇㅇ가 뒤집어 보고 통 안에 넣은 수 카드가 뭐뭐였는지 알아맞혀 봐."

1. 1~5까지 쓰여 있는 수 카드를 숫자가 보이지 않도록 바닥에 엎어 놓습니다.

2. 아이가 직접 수 카드 2~3개를 통 안에 넣습니다. 이때 아이가 수 카드의 숫자를 보지 않도록 해 주세요.

3. 바닥에 남은 수 카드를 뒤집어 무엇이 남았는지 보고 통 안에 들어 있는 수 카드를 알아맞혀 봅니다.

4. 통 안에 들어 있는 수 카드의 합도 구해 봅니다.

5. 충분히 익숙해지면 수 카드의 수를 늘려서 실행해 주세요.

숨어 있는 수는?

"엄마가 뒤집어 놓은 카드가 뭔지 잘 보고 알아맞혀 봐."

1. 0부터 9까지의 수 카드를 골라냅니다.

2. 숫자가 보이지 않게 수 카드를 바닥에 아무렇게나 엎어 놓습니다.

3. 아무거나 3장 남기고 나머지 카드를 뒤집습니다.

4. 뒤집은 카드를 순서대로 배열합니다.(여기서는 3장으로 실행하지만 아이의 수준에 맞게 1~2장부터 시작해 보고 잘하면 4장, 5장으로 늘려 갑니다.) 그런 다음 엎어 놓은 카드의 숫자가 무엇인지 알아맞혀 보게 합니다.

5. 나머지 카드를 뒤집어 숫자가 맞는지 확인하고 퍼즐 맞추듯 끼워 넣고 확인합니다.

> 놀이 예시

"이번엔 0~9까지의 수 카드 중 숫자가 보이지 않게 4장을 엎어 놓을게." (이때 아이가 너무 어려워하면 카드를 보고 활동해도 좋습니다.)

1. 숫자가 보이지 않게 엎어 놓은 수 카드 중에서 가장 큰 수와 가장 작은 수를 쓰세요.

2. 숫자가 보이지 않게 엎어 놓은 수 카드 중에서 두 번째로 작은 수를 쓰세요.

3. 숫자가 보이지 않게 엎어 놓은 수 카드의 수를 모두 더하면 얼마일까요?

4. 숫자가 보이지 않게 엎어 놓은 수 카드 중에서 3보다 큰 수는 몇 개일까요?

내 짝꿍은 어디에? (보수 찾기)

'보수'는 숫자를 합해서 어떤 일정한 수가 되게 하는 수를 뜻해요. 예를 들어 10의 7에 대한 보수는 3이에요. 0부터 10까지 수 카드를 펼쳐 놓고, 더해서 10이 되는 수를 찾는 놀이를 아이와 함께 해 보세요.

1. 0에서 10까지의 수 카드 11개를 바닥에 늘어놓습니다.

2. 더해서 5가 되는 카드 2개를 아이가 모두 찾아보게 합니다.

3. 더해서 7이 되는 카드 2개를 아이가 모두 찾아보게 합니다.

4. 이 외에도 합이나 차가 0~9가 되는 수 등으로 확대해서 실행해 보세요.

5. 이번에는 0을 제외하고 세 수의 합이 10이 되는 카드 3개를 모두 찾아보게 합니다.

 **TIP** 5번 놀이에서 대부분의 아이들이 0을 선택하는 경우가 많습니다. 논리적으로는 맞지만 수 감각을 키우기 위해서는 0을 제외한 조합을 찾아보도록 하는 것이 좋습니다.

16. 연습문제

01 다음 ( ) 안에 ○ 또는 × 표시를 해 보세요.(수 카드를 이용해도 좋습니다.)

① 0부터 5까지의 수 카드는 모두 5장이다. (   )
② 0부터 9까지의 수 카드는 모두 9장이다. (   )
③ 5부터 10까지의 수 카드는 모두 6장이다. (   )
④ 0부터 10까지의 가장 가운데 수는 5이다. (   )

02 0~20까지의 수 카드가 있습니다. 수 카드를 아래 문제에 맞도록 7장 늘어놓으려 합니다. 어떻게 하면 될까요? 답은 여러 가지가 나올 수 있습니다.

① 가장 작은 수는 6입니다.
② 가장 큰 수는 18입니다.
③ 5부터 2씩 커지도록 합니다.
④ 가운데 수는 6입니다.

03 수 카드가 0~9까지 한 장씩 있습니다. 두 장의 합이 9가 되는 경우는 모두 몇 쌍일까요?

04 1~10까지의 카드가 있습니다. 카드 3장에 있는 수를 모두 더하면 10이 됩니다. 어떤 카드가 들어가야 할지 빈 곳에 알맞은 수를 쓰세요. 빈 곳에 알맞은 수를 넣어 다양한 답을 만들 수 있습니다.

① [2][3][   ]   ② [   ][1][   ]

③ [   ][   ][7]   ④ [   ][   ][   ]

05 1~10까지의 카드가 10장 있습니다. 카드의 수를 모두 더해서 12가 되도록 아래에 써 보세요. 수 카드의 순서와 상관없이 세 수의 합이 같기만 하면 동일한 답으로 간주합니다.

카드 3장으로 12 만들기	카드 4장으로 12 만들기

06 4장의 수 카드 중에서 더해서 15가 되려면 필요 없는 수가 한 장 있어요. 어떤 카드일까요? 찾아서 × 표시하세요.

❶ 5, 7, 2, 6   ❷ 5, 2, 8, 4

❸ 1, 8, 4, 6   ❹ 3, 8, 5, 7

07 다음 수 카드 5장을 보고 물음에 답하세요.

3   6   11   20   27

❶ 수가 작은 순서대로 늘어놓으세요.
❷ 수가 큰 순서대로 늘어놓으세요.
❸ 세 번째로 큰 수는 무엇인지 찾아보세요.

08 다음 수 카드 4장을 보고 물음에 답하세요.

❶ 20과 가장 가까운 수(차가 가장 작은 수)를 찾아보세요.
❷ 20과 가장 멀리 있는 수(차가 가장 큰 수)를 찾아보세요.
❸ 20보다 큰 수는 몇 개인지 찾아보세요.

불닭문제

09 수 카드 4장이 놓여 있습니다. 양옆의 카드끼리 수의 차는 같습니다. 가운데 두 장이 5와 9라면 처음과 마지막의 수 카드는 무엇일까요? 그림으로 그려 보세요.

불닭문제

10 수 카드 5장이 놓여 있습니다. 양옆의 카드끼리 수의 차는 같습니다. 제일 마지막 카드의 수가 1이고 가운데 카드의 수가 5입니다. 이것을 그림으로 그려 보세요.

17. 대결, 수 카드 전쟁

물러설 수 없는 한 판! 큰 수를 만들어 내는 자, 승리의 영광을 가져가리라! 엄마와 아이 중 누구의 능력치가 더 큰지 수 카드 대결로 가늠해 보세요. 엄마와 아이가 같이 규칙을 정해서 각자 가지고 있는 카드의 합에 따라 상도 주고 벌칙도 주다 보면 시간 가는 줄 모르고 연산 활동을 하게 됩니다.

● 준비물: 수 카드(0~9까지) 2세트

● 더 큰 수의 대결

1. 0부터 9까지 10장의 수 카드 2세트를 준비하여 엄마와 아이가 각각 한 세트씩 가집니다.

2. 각자 수 카드를 숫자가 보이지 않도록 바닥에 엎어 놓은 뒤 마구 섞습니다.

3. 섞은 카드를 숫자가 안 보이도록 각자 차곡차곡 쌓아 주세요.

4. 엄마와 아이가 각각 자신의 카드 무더기 맨 위의 카드를 한 장씩 뒤집어서 서로 비교해 봅니다.

5. 두 수 중 더 큰 수를 낸 쪽이 이깁니다. 이긴 사람은 자기 칸에 빗금으로 표시합니다.

6. 모든 카드를 뒤집어 본 결과 빗금 수가 더 많은 사람이 최종적으로 승리하는 게임입니다. 카드를 모두 뒤집어 보았다면 각자 자신의 빗금 수를 세어 보고 누가 얼마나 더 이겼는지 서로 비교해 보세요.

7. 게임을 두 차례 더 진행한 후 각자 모든 회차의 빗금을 더해 보세요. 누구의 빗금이 더 많은지 서로 비교해 최후의 승자를 가려 보세요.

이름 대결횟수	엄마	아이	합계
1차	///	//// //	10
2차	////	////	10
3차	////	//// /	10
합계	12	18	30

 비기는 경우 어떻게 할 것인지 아이와 합의하며 자기 주도적 경험을 해 보게 합니다.

횟수 \ 이름	엄마	아이	합계
1차			
2차			
3차			
합계			

합의 대결

1. 0부터 9까지 수 카드 10장씩을 각자 가진 다음 숫자가 안 보이도록 바닥에 엎어 놓고 섞습니다.

2. 섞은 카드를 숫자가 안 보이도록 각자 차곡차곡 쌓습니다.

3. 각자 자신의 카드 무더기 맨 위에 있는 카드 2장을 숫자가 보이게 바닥에 내려놓습니다.

4. 바닥에 내려놓은 자기 카드 2장의 수를 더해서 더 큰 쪽이 이깁니다. 이긴 사람은 자기 칸에 빗금으로 표시합니다.

5. 합의 대결도 앞 페이지의 더 큰 수의 대결처럼 모든 카드를 뒤집어 본 결과 빗금 수가 더 많은 사람이 최종적으로 이기는 게임입니다. 각자 표에 적어 둔 빗금 수를 세어 보고 누가 더 많은지 아이와 비교해 보세요.

6. 게임을 두 차례 더 진행한 후 모든 회차의 빗금을 더해 보세요. 누구의 빗금이 더 많은지 아이와 비교해 최후의 승자를 가려 보세요. 이때, 상도 벌칙도 아이와 함께 정해야 더 재미있어 합니다.

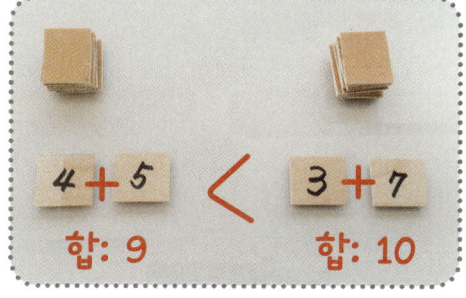

횟수 \ 이름	엄마	아이	합계
1차			
2차			
3차			
합계			

 차의 대결

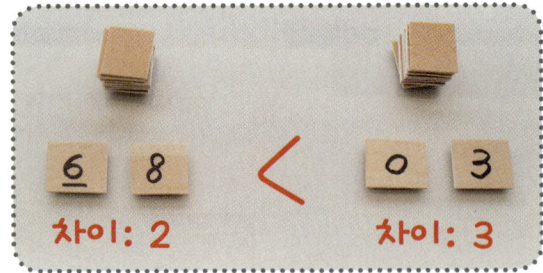

1. 역시 수 카드를 10장씩 가진 다음, 숫자가 안 보이도록 바닥에 엎어 놓고 섞습니다.

2. 섞은 카드를 숫자가 안 보이도록 각자 차곡차곡 쌓습니다.

3. 각자 자신의 카드 무더기 맨 위에 있는 카드 2장을 뒤집어서 바닥에 내려놓습니다.

4. 바닥에 내려놓은 자기 카드 2장의 수의 차가 더 큰 쪽이 이깁니다. 이긴 사람은 자기 칸에 빗금으로 표시합니다.

5. 모든 카드를 뒤집으며 누가 몇 번 이기는지 표에 체크하고, 게임을 두 차례 더 진행하여 최후의 승자를 가려 보세요.

횟수 \ 이름	엄마	아이	합계
1차			
2차			
3차			
합계			

 **TIP** 아래와 같이 또 다른 규칙을 아이와 함께 의논하며 만들어 보세요. 처음에 합과 차를 어려워하는 것은 당연합니다. 지금은 좀 느려도 괜찮아요. 꾸준히 수학 개념을 접하며 매일 새로운 시각으로 생각해 보는 습관을 기르는 것이 훨씬 더 중요합니다.

❶ 카드 수의 차가 더 작은 쪽이 이기는 경우
❷ 카드 수의 합이 10에 더 가까운 사람이 이기는 경우

Part 02 17. 연습문제

해답 154쪽

01 0부터 9까지의 수 카드 10장 중 2장으로 만들 수 있는 가장 큰 합과 가장 작은 합은 각각 얼마일까요?

가장 큰 합:					가장 작은 합:

02 다음은 0부터 9까지의 수 카드로 두 사람이 게임한 결과를 나타내는 표입니다. 마지막에는 누가 이길까요?

엄마	1	0	3	5	2	7	9	4	8	
아이	5	2	1	4	6	7	3	8	9	
이긴 사람	아이	아이	엄마	엄마	아이	비김	엄마	아이	아이	

🔥 불닭문제

03 0부터 9까지의 수 카드 10장으로 활동하였습니다. 맞으면 ○, 틀리면 ✕ 표시하세요.

❶ 한 사람이 카드 세 개로 만들 수 있는 가장 큰 수의 합은 20이 넘는다. (   )

❷ 두 카드의 가장 큰 차는 10보다 크다. (   )

❸ 카드 4장의 합으로 만들 수 있는 가장 작은 수는 6이다. (   )

❹ 가장 가운데 수는 6이다. (   )

❺ 가장 큰 수와 작은 수의 합은 11이다. (   )

❻ 가장 큰 두 자릿수를 만들면 99이다. (   )

❼ 세 번째로 큰 수는 7이다. (   )

18. 내가 먼저

추억의 숫자 찾기 게임을 업그레이드 해 보세요. 종이에 숫자를 써 놓고 누가 먼저 순서대로 찾는지 겨루어 봅니다. 경쟁심을 불태우다 보면 어느새 아이의 수 감각, 자료 처리 능력, 연산 능력이 레벨 업!

● 준비물: 큰 종이, 색연필 2가지 색, 네임펜

1. 아래 사진과 같이 큰 종이에 네임펜으로 1부터 30까지 숫자를 무작위로 써 주세요.

2. 엄마와 아이가 색이 다른 색연필을 각각 준비합니다.

3. 1부터 순서대로 숫자에 동그라미 표시를 하기로 하고 먼저 찾는 사람이 표시합니다.

4. 다 찾았다면 각자 몇 개씩 찾았는지 세어 보세요.(동시에 찾은 경우 같이 표시합니다.)

5. 같은 게임을 두 차례 더 실행해 보고 각자 각 회차마다, 그리고 모든 회차에서 총 몇 개를 맞혔는지 표를 만들어 통계를 내 보세요.

회차\선수	1차	2차	3차	합계
아이	21	13	20	54
엄마	10	17	12	39
합계	31	30	32	93

합이 30을 넘는 경우가 생기는 것은 두 사람이 동시에 같은 수에 표시했기 때문이지요. 이것은 교집합의 개념입니다.

세로의 합계와 가로의 합계가 같습니다.

 **TIP** 게임의 승패만 결정하는 데에서 끝내지 않고 굳이 표를 만들어 통계를 내 보는 이유는 연산 능력뿐만 아니라 자료를 통합해서 처리하는 능력까지 키울 수 있기 때문입니다.

18. 연습문제

해답 154쪽

01 1부터 30까지 숫자를 써서 순서대로 찾기를 대결한 결과를 표로 만들었습니다.

❶ 빈 곳에 알맞은 수를 쓰세요.

선수 \ 회차	1회차	2회차	합계
아이	15		35
엄마	17	13	30
합계		33	

❷ 1차 대결에서 아이와 엄마가 동시에 표시한 숫자는 몇 개일까요?

❸ 2차 대결에서 아이와 엄마 중 누가 몇 개 더 숫자에 표시를 했을까요?

02 다음 빈 곳에 규칙에 알맞은 수를 넣으세요.

❶ 1, 3, 5, (   ), 9, (   ), (   )

❷ 2, (   ), 6, (   ), 10

❸ 18, 15, (   ), 9, 6, (   )

03 1부터 30까지 쓴 다음 3의 배수만 찾아보았습니다. 모두 몇 개일까요?

04 1부터 40까지 쓴다면 홀수는 모두 몇 개일까요?

TIP 어떤 수를 1배, 2배, 3배로 곱해서 커지는 수를 그 수의 배수라고 합니다. 어떤 수에 1을 곱하면 1배수, 2를 곱하면 2배수, 3을 곱하면 3배수라고 얘기해 주세요. 7~9세 아이가 곱하기나 배수를 바로 알아듣기는 어려우니, 이럴 때는 구구단 2단과 3단을 노래 부르듯 알려 주셔도 도움이 됩니다.

19. 숫자 징검다리

앉아서 하는 놀이는 그만! 엄마가 정성으로 만든 숫자 징검다리를 뛰어다니게 해 주세요. 단순히 순서대로 숫자 밟기라고 생각하면 큰 오해! 다음에 올 숫자에 착지하려면 신체적 유연성은 물론 엄청난 전략이 필요합니다. 실제로 해 보지 않으면 절대 알 수 없는 극한의 숫자 놀이.

● 준비물: 고무 자석 큰 것 한 장, 유성 매직, 가위, 자

1. 고무 자석을 약 5cm × 10cm 크기로 자른 카드를 12개 준비합니다.

2. 유성 매직으로 각각의 고무 자석에 1부터 12까지 숫자를 써 주세요.(엄마가 숫자의 테두리를 그리고 아이가 안을 칠하게 해 보는 것도 소근육 발달에 좋습니다.)

3. 수 카드를 바닥에 이리저리 흩어 놓습니다. 방향이 자유로워야 놀이가 더 재미있습니다.

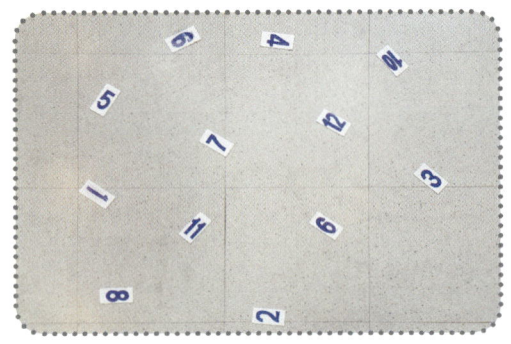

출발선

4. 수 카드가 양발 사이에 똑바로 놓이도록 폴짝폴짝 뛰어 보게 합니다. 출발선에서 1부터 12까지 순서대로 한 번씩 뛰고 출발선으로 되돌아오게 합니다. 수 카드의 간격으로 난이도를 조절해 주세요.

5. 위 활동이 잘 되면 초시계로 측정해 봐도 좋습니다. 아이들은 시간 단축을 직접 경험하면 더 좋아합니다.

6. 깽깽이걸음으로 뛰기, 짝수만 뛰기, 홀수만 뛰기, 3의 배수대로 뛰기 등으로 응용해서도 진행해 보세요.

 단순한 수 카드 놀이 같지만 아이들의 운동 감각, 방향 감각, 순발력 등을 기르는 활동 비중도 매우 큰 놀이입니다. 가르치겠다는 욕심에 아이에게 수를 인지시키려 애쓰지 마세요. 한편, 고무 자석으로 수 카드를 만들면 카드가 서로 잘 붙어서 관리가 편합니다.

19. 연습문제

해답 155쪽

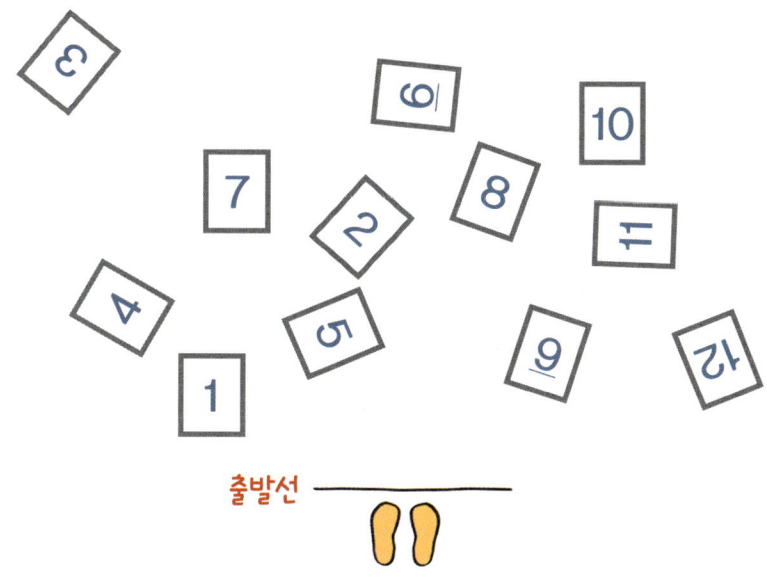

* 위는 출발선에서 1~12까지 순서대로 뛴 후 출발선으로 들어오는 놀이를 위한 그림입니다. 다음 물음에 답하세요.

01 출발선에서 가장 멀리 있는 수는 무엇인가요?

02 내가 3번에 서 있다면 9번까지 갈 때 몇 번 뛰어야 할까요?

03 내가 다섯 번을 뛰어 출발선으로 돌아왔다면 어디에서 뛰기 시작했을까요?

04 출발선에서 시작해 모든 짝수 카드만 순서대로 뛴다면 총 몇 번을 뛰어야 다시 출발선으로 들어올까요?

05 나는 1번에 서 있습니다. 홀수 카드만 순서대로 세 번 뛰었다면 어느 수에 가 있을까요?

PART 03 단위로 이루어진 세상

세상의 모든 것은 자기만의 00이 있습니다.

책가방은 무게가

날씨는 온도가

풍선은 부피가

내 신발은 길이가 있습니다.

이 세상 모든 것은 잴 수 있습니다. 심지어 안 보이는 기분조차 '불쾌지수'라는 이름으로 측정하지요. 도대체 무엇 때문에 사람들은 이토록 집요하게 모든 것을 재어 보려 하는 걸까요? 사람들이 세상에 잴 수 있는 모든 것을 재고 또 재는 행위, 즉 '측정'을 하는 이유는 수학을 잘하고 싶어서가 아니라, 내가 가진 것과 네가 가진 것을 구분하고 비교해서 내 것이 얼마만큼 되는지 확실히 하려는 인간의 소유욕에서 출발하지 않았을까요? 하지만 측정하는 기준이 서로 다르다면 정확한 구분과 비교가 불가능하죠. 그래서 만든 통일된 기준이 바로 '단위'입니다. 앞으로 배울 여러 가지 단위로 세상의 모든 것을 재어 볼까요?

단단줄자의 탄생

얼마 전에 심은 작은 씨앗 하나가 싹을 틔우더니 며칠 사이 키가 쑥 자랐어요. 하루가 다르게 자란 식물이 얼마나 자랐는지 궁금해서 아이들과 함께 길이를 재어 보기로 했습니다. 연필꽂이 속의 막대자를 꺼내 들었더니 너무 짧고, 줄자를 대어 보려니 고정이 잘 안 되어 자꾸 도르르 말려 들어가거나 흘러내려 아이들이 재기에 쉽지 않았죠.
어디 좋은 방법이 없을까?
그래서 탄생한 자가 단단줄자입니다.

단단하면서도 적당히 휘어지기 때문에 무엇이든 다 잴 수 있어서 지은 특별한 이름 단단줄자!!!
아이들은 생전 처음 보는 이 자를 무척 신기해했어요. 자기 머리, 팔, 다리 등의 둘레를 재어 보기도 하고 곡선이 있는 물건을 재어 보기도 하며 막대자를 사용할 때와는 다른 느낌에 신나했지요.

이처럼 직선인 듯 곡선인 듯 막대자와 줄자의 성질을 한꺼번에 담아 냈으니 이것도 멋진 연산이군요. 창의성의 첫걸음은 연산이라는 사실을 잊지 마세요!

20. 단단줄자 출동!

이 세상에 단 하나밖에 없는 단단줄자를 만들어 아이가 원하는 물건의 길이와 둘레, 깊이를 재어 보게 해 주세요. 평소에 무관심하게 지나쳤던 물건들을 재 보면 자를 능숙하게 사용하게 될 뿐만 아니라 길이에 대한 이해까지 깊어집니다. mm까지 등장한다고 겁먹지 마세요. 재는 횟수가 거듭될수록 길이 단위쯤은 능숙하게 다루게 될 테니까요.

● 준비물: 잘 휘어지는 플라스틱 판, 줄자, 가위, 넓은 셀로판테이프, 수성 사인펜, 물을 담은 투명한 컵

● 단단줄자 만들기

1. 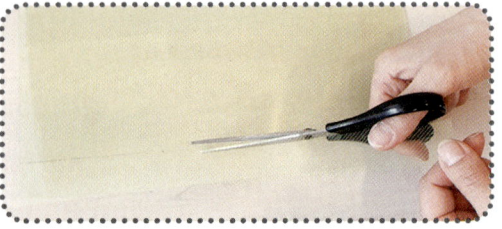 플라스틱 판을 2.5cm × 30cm 크기로 잘라 주세요.

2.  줄자를 끝까지 풀어서 케이스 부분을 자르세요.

3.  플라스틱 판의 가장자리에 셀로판테이프로 줄자의 앞부분을 붙이세요.

4.  플라스틱 판에 붙이고 남은 줄자 부분은 말아서 고무줄로 고정시켜 주세요.

5. 아이와 함께 여러 가지 물건의 둘레나 길이를 단단줄자로 재어 <보기>와 같이 적어 보세요.

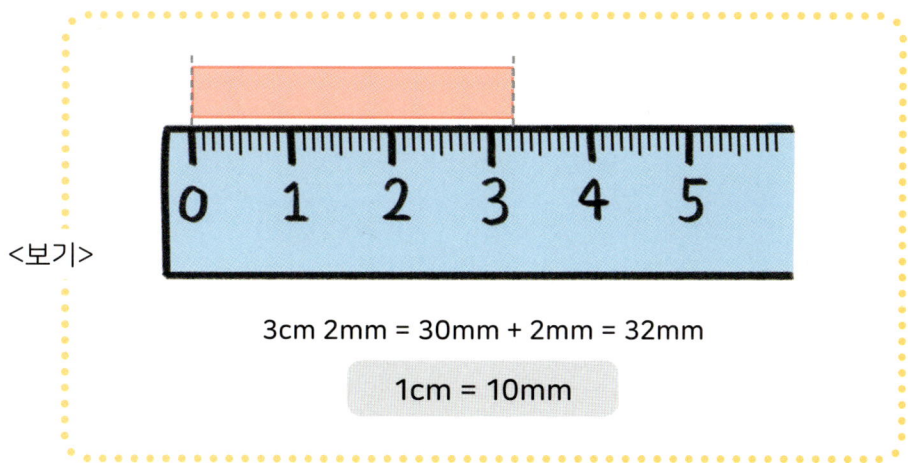

<보기>

3cm 2mm = 30mm + 2mm = 32mm

1cm = 10mm

 단단줄자의 눈금을 손으로 짚어 가면서 1센티미터(cm)는 10밀리미터(mm)라고 아이에게 정확히 설명해 주세요. <보기>와 같은 수치의 경우, 연령에 따라 정확한 길이로 나타내는 대신 약 3cm로 표현해도 좋습니다.

❶
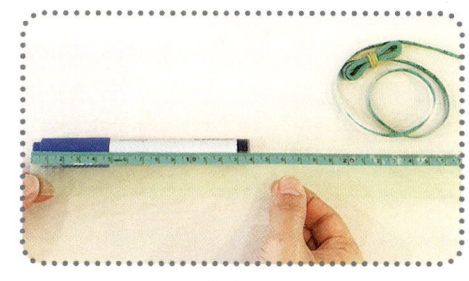
필기도구

8cm 8mm = (　　　　) mm

❷

큰 책

30cm = (　　　　) mm

❸
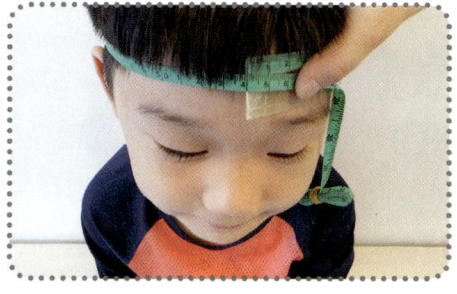
머리 둘레

53cm 9mm = (　　　　) mm

❹

커피포트 둘레

42cm 8mm = (　　　　) mm

❺
컵
9cm 1mm = (　　　) mm

❻
서랍장
68cm 8mm = (　　　) mm

6. 집에 있는 여러 가지 물건의 길이나 둘레를 직접 재어 보고 아래 표를 완성해 보세요.

	물건 종류	~cm ~mm	~mm
보기	볼펜	13cm 8mm	138mm

Part 03 단위로 이루어진 세상

● 단단줄자로 깊이 재기 (사라지는 눈금)

"사인펜으로 표시를 해 놓은 단단줄자를 물컵에 넣어 물이 얼마나 들어 있는지 알아볼까?"

1.  단단줄자의 플라스틱 판이 덧대인 부분에 눈금 표시를 따라 수성 사인펜으로 두껍고 길게 선을 긋습니다. (유성 사인펜은 물에 지워지지 않으니 수성 사인펜을 사용해 주세요.)

2. 물속에서 사인펜 자국이 사라지는 게 보이는 투명한 컵이어야 컵 밖이 아닌 안에서 깊이를 재는 효과를 극대화시킬 수 있습니다.

3.   단단줄자의 플라스틱 판을 물에 세워 넣고 5초 후에 꺼내세요. 너무 오래 담궈 두면 물에 잠기지 않은 부분의 사인펜 자국도 지워지므로 5초 정도가 좋습니다. 플라스틱 판을 물에 넣을 때는 판이 구부러지거나 기울어지지 않도록 바닥에 살짝 닿게 넣어 주세요.(다른 곳에 물이 닿아 수성펜 자국이 금방 지워질 수 있기 때문입니다.)

4. 아이와 함께 단단줄자의 플라스틱 판에서 사인펜 자국이 얼마만큼 지워졌는지 그 길이를 측정합니다.

 **TIP** 컵에 들어 있는 물의 깊이를 잰다고 하면 대부분은 자를 직접 물속에 넣어 본다는 생각은 하지 않습니다. 때문에 이 활동을 통해 물의 깊이를 재 보는 수학적 체험은 물론, 물속에서 사인펜 자국이 지워지는 것을 보는 재미 있는 시각적 체험도 할 수 있습니다.

5. 컵 속 물의 양을 늘려 가며 깊이를 재어 다음 표를 완성해 보세요.

물의 양	지워진 사인펜 자국 길이	
	~cm ~mm	~mm
컵의 $\frac{1}{4}$ 정도		
컵의 $\frac{2}{4}$ 정도		
컵의 $\frac{3}{4}$ 정도		

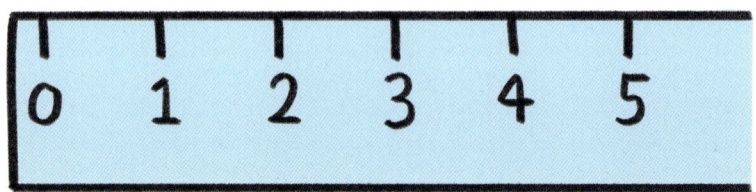

 TIP 사실 아동 발달 단계상 처음부터 mm가 표시된 자를 사용하는 것은 무리입니다. 우선 cm만 나와 있는 자로 재도록 하고, 딱 떨어지지 않는 길이를 잴 때 더 작은 단위를 재는 단위가 필요하다는 점을 느끼게 하여 mm까지 표시가 되어 있는 자를 사용하게 해 주는 게 좋지요.

그러나 시중에서 cm만 나와 있는 자를 구하기는 어렵습니다. 따라서 위의 그림처럼 cm만 나타낸 자를 간단하게 만들어 아이가 재어 보게 해 주세요. 이 자로 잴 수 없는 자투리 부분을 어떻게 처리해야 하는지 궁금해하도록 말이죠.

20. 연습문제

01 아래 표에 주어진 길이만큼 자를 대고 직접 선으로 그어 보세요.

02 1cm는 몇 mm일까요?

03 13mm는 1mm가 몇 개 모인 것일까요?

04 1mm가 몇 개 모여야 3cm가 될까요?

05 화살표의 길이가 10cm보다 5mm 짧습니다. 화살표가 몇 cm 몇 mm인지 생각해 보고 아래 빈 곳에 자를 대고 직접 그려 보세요.

불닭문제

06 태호의 머리 둘레는 유진이보다 2mm 더 길고 채원이의 머리 둘레는 태호보다 1mm 더 짧습니다. 유진이가 51cm 4mm일 때 태호와 채원이의 머리 둘레를 각각 구해 보세요.

태호 (   )   채원 (   )

07 길이 6cm인 막대기를 겹치지 않도록 이었습니다. 28cm를 만들려면 막대기가 몇 개 있어야 할까요?

08 두 개의 컵에 물을 붓고 각 컵의 물의 깊이를 재어 보았더니 각각 15cm와 18cm 5mm가 되었습니다. 두 컵의 물의 깊이는 얼마나 차이가 날까요?

09 괄호 안에 들어갈 수는 얼마일까요?

20mm + 30mm = (   )cm

10 다음 표를 완성하세요.

	5cm 더 길게	5cm 더 짧게	5mm 더 길게
보기 25cm 3mm	30cm 3mm	20cm 3mm	25cm 8mm
6cm 4mm			
7cm			
10cm 5mm			

 **TIP** 오차란?

사전에는 '근사값에서 참값을 뺀 것'이라는 어려운 말로 설명되어 있습니다. 그러나 이 책에서 '오차'라는 말이 나오면, 예상한 값과 실제로 측정한 값의 차, 혹은 실험해 본 값과 목표로 한 값의 차라고 알아 두시면 됩니다. 참고로 길이, 무게, 시간처럼 시각적으로 뚝뚝 떨어져 있지 않은 대상을 측정할 때에는 자연적으로 오차가 발생한다는 것을 엄마도 알고 아이도 알고 있어야 합니다. 이렇기 때문에 '오차', '오차범위'라는 수학적 용어가 실생활에서도 종종 등장합니다.

21. 누가 더 무거울까?

저울로 재 보면 생각했던 것보다 가벼운 물건도 있고 보기와는 달리 꽤 무거운 물건도 있습니다. 아이와 함께 여러 가지 물건을 저울 위에 올려놓아 보세요. 무게 감각을 기르면서 무게 단위인 kg과 g에 대한 이해도 깊어집니다.

- 준비물: 저울, 여러 가지 물건(그릇, 동전, 두루마리 휴지, 봉지 커피 등 가정에서 쉽게 구할 수 있는 것들)

TIP 눈금 저울을 굳이 써야 할까 의문을 가질 수도 있습니다. 하지만 이 활동의 목적은 무게를 정확하게 아는 것이 아닙니다. 무게를 재는 과정을 통해 바늘의 움직임을 보고 보이지 않는 무게에 대한 감각을 자연스럽게 습득하기 위한 것입니다. 단, 눈금 저울이 없다면 전자 저울을 써도 무방합니다.

● 무게 감각 익히기

"무게는 어디 있을까? 어떻게 하면 알아볼 수 있을까? 궁금하지?"
"그러면 우리 각자 원하는 물건을 골라서 무게 맞히기 대결을 한번 해 보자."

1. 엄마와 아이가 무게를 측정하고 싶은 물건을 여러 개 준비합니다. 가벼운 물건과 제법 무거운 물건이 골고루 있도록 합니다.

2. 준비한 물건들의 무게가 얼마나 될지 들어서 어림해 보고 직접 재어 보며 무게 감각을 익힙니다.

3. 준비한 물건의 무게 감각을 충분히 익혔다면 엄마와 아이가 각자 물건을 5개씩 골라 무게를 얼마나 잘 맞히는지 대결해 보세요.

4. 표에 물건의 이름을 쓰고 한 번씩 들어 보며 무게를 예상하여 적습니다. 이때, 예상한 무게를 서로 보여 주지 않고 각자 적은 다음 표에 옮겨 적는 것이 좋습니다. 아이는 엄마가 예상한 무게를 보면 자신의 생각을 수정하는 경우가 많기 때문이지요.

5. 자기가 예상한 무게가 실제 무게에 더 가까운 사람이 이기는 것으로 합니다. 이때, 예상 무게와 실제 무게의 차인 오차의 개념을 유도하셔도 좋습니다.

물건	엄마 예상 무게	아이 예상 무게	실제 무게	오차	
				엄마	아이

● 저울 젠가

"나무 블록 대신 저울로 젠가 놀이를 한번 해 보자. 정해진 무게를 넘기는 사람이 지는 거야."

1. 다음 페이지의 표와 같이 목표 무게를 정해놓습니다.

2. 엄마와 아이가 번갈아 가며 저울에 물건을 하나씩 올려 보고 정해진 무게를 맞춰 나갑니다.

3. 저울에 물건을 올려놓았을 때 해당 무게를 넘어가게 하는 사람이 게임의 패자!(젠가 게임에서 나무 블록을 뺐을 때 나무 탑이 무너지면 지는 것과 같은 맥락입니다.) 만일 물건을 올려놓았을 때 바로 해당 무게를 맞추면 그 사람이 승자! 누가 이기고 누가 졌는지 아래 표에 승패를 적어 보세요.

	100g	200g	500g	700g	1kg
엄마					
아이					

4. 주어진 다섯 가지 무게를 다 시도해 보면서 무게 감각을 길러 봅니다.

티끌도 무게가 있을까?

종이 한 장처럼 아주 가벼운 물건도 실은 무게가 있답니다. 무게는 있는데 너무 가벼워서 우리가 잘 느끼지 못할 뿐이에요. 이번 활동을 통해 아주 가벼운 물건들의 무게를 측정해 보고 사물을 바라보는 눈을 새롭게 할 수 있습니다. 종이처럼 가벼운 것의 무게를 잴 때는 전자 저울을 사용해야 해요. 눈금 저울을 사용하면 0.1g처럼 아주 미세한 무게 차이는 쉽게 구별하기 힘들거든요.

아이가 너무 어려워하면 '아주 가벼운 새의 깃털도, 물 한 방울도, 종이 한 장도 미세하지만 무게는 분명히 있어'라고, 무게의 개념만 살짝 알려 주고 넘어가세요. 종이 1장은 정말 가벼워도 종이 10장, 종이 20장이 모이면 조금씩 무거워진다는 것만 깨달아도 충분합니다. 전자 저울로 종이 1장, 종이 2장…… 종이 10장의 무게를 아이와 함께 직접 재어 보세요.

1. 1g이 될 만한 물건을 찾아서 저울 위에 올려 놓고 무게를 재어 보세요.

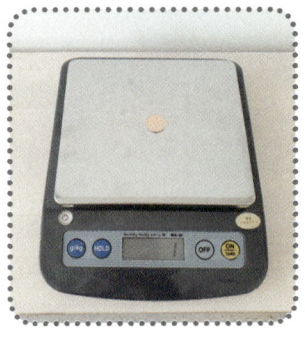

10원짜리 동전

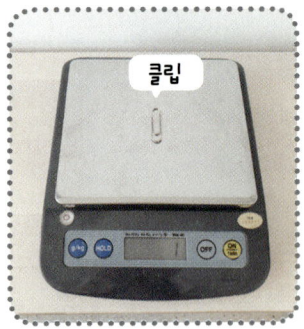

클립

2. 저울 위에 저울을 올려 보세요. 저울 자체도 역시 무게가 있는 물건이라는 점을 깨닫게 해 줍니다. 주방에서 쓰는 음식 가루도 활용해 보세요. 가루의 경우 아주 약간만 더하거나 빼도 바로 무게가 달라지기 때문에 무게의 미세한 변화를 민감하게 느낄 수 있습니다.

3. 같은 물건 여러 개를 한 개씩 올려 보고 무게의 변화를 확인해 가면서 아이가 더하기와 곱하기의 연관성을 자연스럽게 느낄 수 있도록 해 주세요.

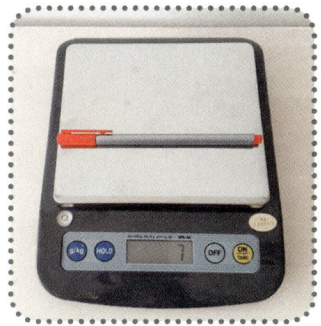 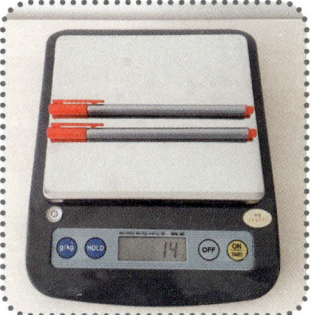 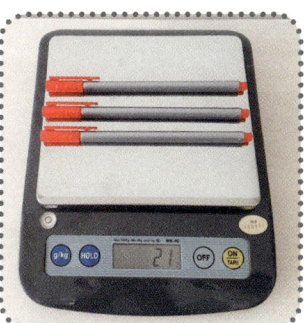

펜 1개의 무게 × 펜의 개수 = 펜 전체의 무게

TIP 1g이 100개 모이면 100g이 되고, 100g씩 10개가 모이면 1000g이 되며, 1000g은 1kg이라고 한다는 것을 아이에게 알려 주세요.

1kg = 1000g

21. 연습문제

해답 157쪽

01 다음 문제를 읽고 맞으면 ○, 틀리면 × 표시하세요.

❶ 무게는 색깔이 있습니다. (   )

❷ 무게는 <무겁다. 가볍다>로 나타냅니다. (   )

❸ 저울은 무게가 있습니다. (   )

❹ 쇠구슬을 뜨겁게 달구면 무게가 달라집니다. (   )

❺ 비눗방울의 무게는 모두 같습니다. (   )

❻ 머리카락 하나는 무게를 잴 수 없습니다. (   )

❼ 얼음이 녹으면 무게가 달라집니다. (   )

❽ 같은 재료로 만든 구슬은 크기가 크면 무게도 무겁습니다. (   )

❾ 200g짜리 쇠구슬과 200g짜리 유리구슬은 무게가 다릅니다. (   )

02 클립 한 개에 1g입니다. 100g이면 클립이 몇 개일까요?

03 아래 그릇 1개의 무게가 100g입니다. 그릇의 개수에 따른 무게를 적어 보세요.

그릇			
개수	1	2	3
무게			

04 그릇 하나의 무게가 120g입니다. 모두 360g이 되었다면 그릇은 몇 개 있을까요?

05 인형의 무게가 120g이라고 예상했는데 재어 보니 131g이었습니다. 예상한 무게와의 차는 몇 g일까요?

06 빵의 무게를 35g이라고 예상했는데 재어 보니 6g 더 가벼웠습니다. 빵은 몇 g이었을까요?

07 컵의 무게를 엄마는 55g, 나는 40g이라고 예상했는데 재어 보니 49g이었습니다. 누가 더 실제 무게에 가깝게 예상한 걸까요?

불닭문제

08 큰 접시 1개의 무게는 작은 컵 2개의 무게와 같다고 합니다. 큰 접시 3개의 무게는 작은 컵 몇 개의 무게와 같을까요?

09 곰 인형 1마리의 무게는 토끼 인형 5마리와 같다고 합니다. 토끼 인형 10마리의 무게는 곰 인형 몇 마리의 무게와 같을까요?

22. 시간아 어딨니?

지금 몇 시지? 어, 벌써 시간이 이렇게 됐나? 하루에도 몇 번씩 궁금해지는 '시간'. 시간은 도대체 어디에 있는 걸까요? 시계는 볼 수 있지만 시간은 본 적도 없고, 만질 수도 없어요. 시간은 크기도 없고, 무게도 없답니다. 하지만 분명히 시간은 우리와 함께 지금 이 순간에도 째깍째깍 흘러가고 있어요. 그러면 오늘은 엄마와 함께 시간을 멈추는 스톱! 놀이를 해 볼까요?

● 준비물: 초시계, 필기도구, 스케치북, 컴퍼스나 냄비 뚜껑, 시침·분침으로 쓸 길이가 다른 막대 2개

"엄마가 시간을 정해 줄 거야. 그 시간이 됐다고 생각되면 바로 알려 줘. 그럼 시작!"

● STOP 놀이

1. 아이와 함께 초시계를 눌러 10초가 얼마만큼의 시간인지 경험하게 합니다.
2. 아이가 눈을 감도록 합니다. 엄마가 '시작'이라고 말하며 동시에 초시계를 누릅니다.
3. 아이가 10초가 지났다고 생각되는 순간 손을 들면 엄마는 몇 초에 손을 들었는지 아이에게 알려 줍니다.
4. 기록표에 손을 든 시간을 기록하고 아이와 함께 오차를 계산해 보세요.
5. 20초, 30초도 같은 방법으로 실행하세요.
6. 오차가 줄었다면 칭찬해 주세요. 그렇지 않더라도 오차를 기록해 보면 자료를 분석해 보는 경험을 할 수 있어서 좋습니다.

	10초		20초		30초	
	손 든 시간	오차	손 든 시간	오차	손 든 시간	오차
1회						
2회						
3회						

TIP 이 활동의 묘미는 아이가 실제 손을 든 시간이 목표시간에 못 미치거나 넘더라도 두 시간 사이의 차만 같다면 결과는 같다는 것을 아는 것입니다. 즉, 목표시간에 2초 못 미치든, 2초를 넘기든 결과는 같다는 것이죠. 답이 두 개가 되는 상황도 논리적으로 전혀 문제가 없다는 사실을 발견할 때 아이의 사고는 확장됩니다.

1분 동안 뭘 할까?

1분 = 60초

1. 아이와 1분 동안만 자유롭게 움직이기로 약속합니다.

2. 엄마가 초시계를 누르고 '시작'이라고 외치면 아이는 자유롭게 움직입니다.(물 마시기, 화장실 갔다 오기, 손 씻고 오기, 간식 먹기 등등.)

3. 아이가 1분이라고 생각될 때 엄마에게 돌아와서 '1분!'을 외치면 초시계를 멈춰 주세요.

4. 아이가 생각한 1분과 초시계로 잰 1분이 얼마나 차이가 났는지 오차를 알아봅니다.

5. 1분이 어떻게 느껴졌는지 아이와 이야기해 보세요.

6. 60초가 모인 것이 1분이라고 아이에게 알려 줍니다.

7. 2분 동안 할 수 있는 것으로도 놀이해 보세요.

8. 2분은 120초라고 알려 주세요.

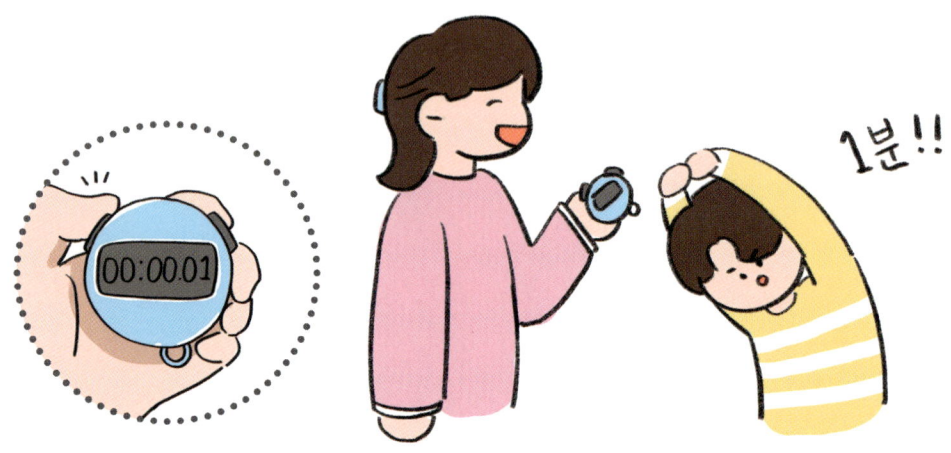

 **TIP** 시간은 누구에게나 똑같이 주어집니다. 그런데 사람의 마음에 따라 시간의 속도가 다르게 느껴지기도 하죠. 어떤 때는 똑같은 10분이 너무 길게 느껴지기도 하고, 똑같은 10분이 10초처럼 빠르게 지나간 듯 느껴지기도 합니다. 아이가 시간에 대해 느꼈던 점을 들어 보고, 함께 이야기를 나눠 보세요.

● 시계 읽기 (시침 분침 놀이)

1. 냄비 뚜껑이나 컴퍼스 등을 이용해 스케치북에 적당히 원을 그리고 아래 그림과 같이 시계를 만듭니다. 1~12까지의 숫자를 원 안쪽 둘레에 씁니다. 아이가 직접 써 보게 해도 좋습니다.

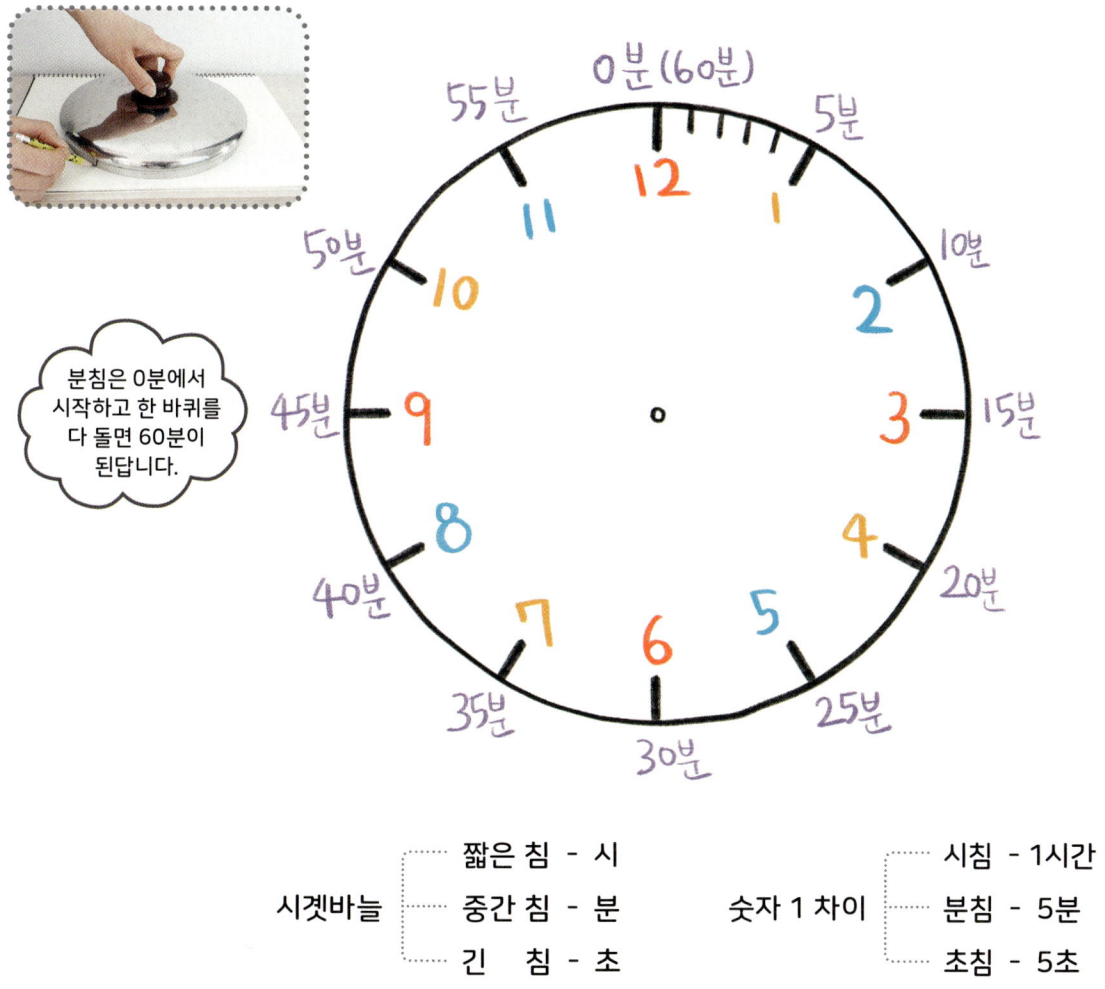

분침은 0분에서 시작하고 한 바퀴를 다 돌면 60분이 된답니다.

시곗바늘
- 짧은 침 - 시
- 중간 침 - 분
- 긴 침 - 초

숫자 1 차이
- 시침 - 1시간
- 분침 - 5분
- 초침 - 5초

2. 아이들이 아날로그 시계 읽기를 어려워하는 이유는 시중에 나오는 시계가 대부분 (시만 숫자로 표시된) 시판으로만 되어 있기 때문입니다. 시계의 숫자는 오로지 시만 나와 있는데 분과 초까지 읽어 보라고 하니 아이 입장에서는 어렵죠. 아날로그 시계에서 시침이 1에서 2까지 가면 한 시간이 지난다는 것은 직관적으로 알 수 있습니다. 하지만 분침이 1에서 2까지 가면 5분 지난다는 것은 눈에 보이지 않아 사고로 해결해야 하죠. 물론 작은 눈금이 있지만 시판의 숫자 하나로 분과 초를 다 읽어 내야 하기 때문에 아이들이 어려워합니다. 때문에 아이가 직접 시판의 숫자에 맞는 분을 써 보게 하면 도움이 됩니다.

3. 길이가 다른 막대로 시침 분침 놀이를 해 봅니다. 시침 따로 분침 따로 연습한 후에 합쳐서 해 보는 것이 효과적입니다.

 모형 시계나 일반 시계는 시·분침이 자동으로 같이 돌아 오히려 헷갈릴 수 있습니다. 아이가 이 두 가지를 같이 생각할 마음의 준비도 안 되었는데 어느 하나가 자꾸 따라 움직인다면 어떻게 될까요? 뭔가 불편하고 수학은 어렵다고 느낄 수 있겠죠. 이럴 때 시침, 분침 문제는 각각 따로 익혔다가 합치면 자동으로 해결됩니다. 초침은 시침, 분침을 해결한 후에 머릿속으로 생각해 보며 천천히 익히면 됩니다.

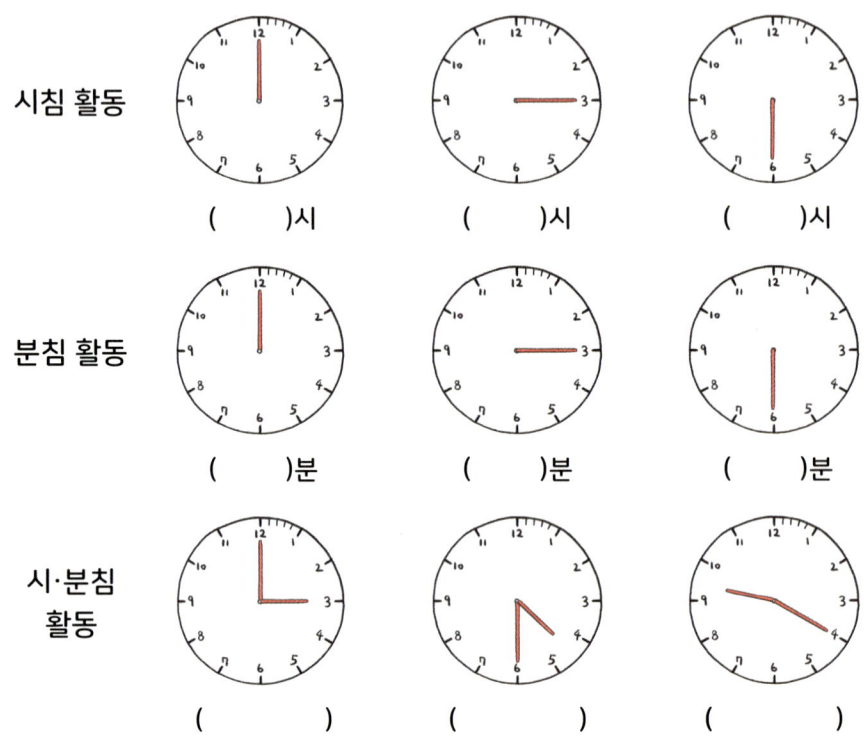

4. 위의 활동을 충분히 한 후에 엄마가 말하는 여러 가지 시간을 아이가 직접 시곗바늘을 놓아 보며 맞혀 봅니다.

 이 활동에서는 엄마와 아이가 직접 시계를 만들어 보는 게 매우 중요합니다. 시중에 파는 모형 시계를 사서 편하게 이용할 수도 있어요. 하지만 조금 서툴러도 아이와 함께 시계를 그려 보세요. 시판을 함께 그리고, 아이에게 눈금도 하나하나 표시하며 그려 보게 하세요.
엄마와 함께 자기 손으로 시계를 직접 만들어 보면 아이는 확 달라집니다. 시간에 대한 개념을 쉽고 재미있게 받아들이거든요. 손으로 만들면서 쑥쑥 자라나는 아이의 창의력은 덤이에요.

Part 03

22. 연습문제

해답 158쪽

01 다음은 시간에 대한 질문입니다. 맞으면 ○, 틀리면 × 표시하세요.

❶ 눈으로 볼 수 있습니다. (　　　)

❷ 만질 수 있습니다. (　　　)

❸ 냄새나 색깔이 없습니다. (　　　)

❹ 시계가 곧 시간입니다. (　　　)

❺ 시계를 멈추면 시간이 멈춥니다. (　　　)

❻ 누구에게나 공평하게 주어집니다. (　　　)

❼ 멈출 수 있습니다. (　　　)

❽ 줄이거나 늘일 수 있습니다. (　　　)

❾ 없앨 수 있습니다. (　　　)

❿ 되돌릴 수 없습니다. (　　　)

⓫ 시간이 없는 곳에 살 수 있습니다. (　　　)

02 1분은 몇 초일까요?

03 1분 10초는 몇 초일까요?

04 1분 30초는 몇 초일까요?

05 80초는 몇 분 몇 초일까요?

06 100초는 몇 분 몇 초일까요?

07 2분을 재기로 했습니다. 1분 45초에 손을 들었다면 몇 초 차이가 날까요?

08 2분을 재기로 했습니다. 2분 15초에 손을 들었다면 몇 초 차이가 날까요?

09 STOP 놀이를 한 후, 아이와 함께 다음 물음에 답해 보세요.

❶ 10초를 맞히기로 했는데 오차가 2초였다면 몇 초에 손을 들었을까요?

❷ 20초를 맞히기로 했는데 오차가 5초였다면 몇 초에 손을 들었을까요?

❸ 30초를 맞히기로 했는데 4초 일찍 손을 들었습니다. 몇 초에 손을 들었을까요?

10 20초를 맞히기로 했는데 처음에는 14초에 손을 들었습니다. 두 번째에는 20초가 넘어서 손을 들었지만 처음과 오차는 같았습니다. 몇 초에 손을 들었을까요?

11 엄마와 아이가 함께 20초를 맞혀 보기로 했습니다. 엄마는 17초, 아이는 22초에 손을 들었습니다. 누가 더 정확하게 맞혔을까요?

12 아래 시계를 보고 시각을 읽어 보세요.

❶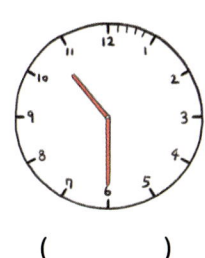
( )

❷
( )

❸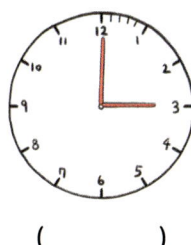
( )

❹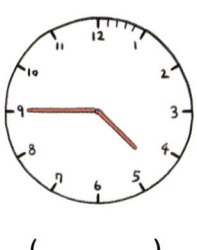
( )

❺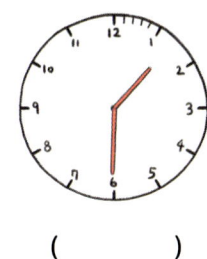
( )

❻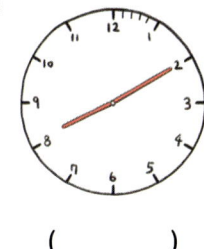
( )

13 주어진 시각을 시계에 그려 보세요.

❶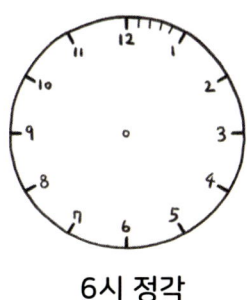
6시 정각

❷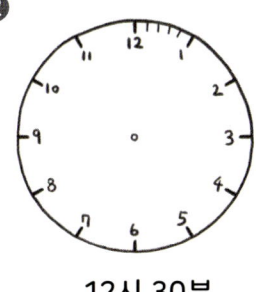
12시 30분

❸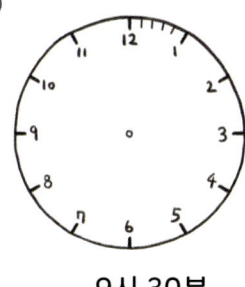
9시 30분

14 ❶ 어떤 컵라면은 끓는 물을 붓고 4분을 기다려야 한다고 합니다. 그렇다면 몇 초를 기다려야 한다는 뜻일까요?

❷ 끓는 물을 넣고 4분을 기다려야 하는 컵라면에 끓는 물을 붓고 3분 20초가 지났습니다. 몇 초 후에 먹으면 좋을까요?

23. 빨간 기둥의 비밀

보통은 디지털 온도계로 체온을 재곤 하죠. 하지만 아이와 함께하는 수학 시간에는 눈금 온도계가 더 유용합니다. 온도의 변화를 눈앞에서 직접 살펴보려면 눈금, 다시 말해 수를 읽을 줄 알아야 하거든요.

눈금 온도계로 아이와 함께 얼음물의 온도를 재 보세요. 뜨거운 물의 온도도 재 보고, 미지근한 물의 온도도 재 보세요. 온도계의 눈금이 실제로 변하는 장면을 아이가 직접 확인하게 해 주세요. 온도계의 눈금을 읽으며, 아이가 생활 속에서 수를 더 친숙하게 느끼게 될 거예요.

- 준비물: 알코올 유리막대 온도계 2개, 뜨거운 물, 얼음물, 같은 크기의 빈 그릇 2개, 초시계, 국자 2개

● 오르락 내리락 (눈금 온도계)

"온도계를 본 적 있니? 무엇 때문에 빨간 기둥이 오르락 내리락 하는 걸까?"

1. 온도계의 눈금 보는 방법과 온도 읽는 방법을 익힙니다. 온도계의 눈금은 정면에서 읽고, 온도를 재는 단위는 '섭씨(℃)'를 사용한다는 것을 아이에게 알려 주세요.

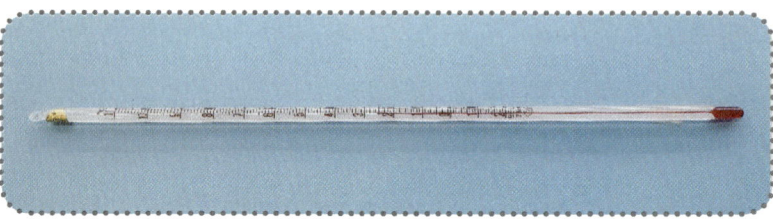

아래와 같은 눈금은 섭씨 29도라고 읽고 29℃로 씁니다.

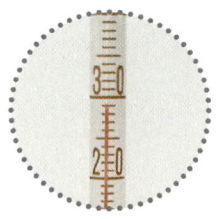

2. 온도계를 이용해 현재의 기온, 체온 등도 재어 볼 수 있습니다.
3. 이번에는 온도계를 냉장고와 냉동고에 각각 1분 정도씩 넣었다가 꺼내어 온도를 확인해 봅니다.

4. 뜨거운 물과 얼음물을 준비하여 번갈아 가며 온도계를 넣어 보며 변화를 관찰해 보세요. 단순해 보이는 활동이지만 아이들은 급격한 변화가 일어나는 결과에 매우 신기해하고 즐거워합니다. 뜨거운 물과 얼음물 사이를 오가며 빨간 기둥이 치솟았다가 순식간에 밑으로 빠지는 모습이야말로 사고를 직접적으로 자극하는 장면이 아닐까요? 도대체 무엇이 이런 활발한 움직임을 일으키는 걸까요? 아이의 머릿속에 궁금증이 일지 않을 수 없죠.

엄마도 처음 해 보는 경험이라 아이의 환호 속에 같이 휩쓸릴 수 있겠지만 온도계가 유리로 되어 있고, 뜨거운 물을 다뤄야 하니 각별히 주의해 주시기 바랍니다.

얼음 물   뜨거운 물

목표 온도 만들기

1. 엄마와 아이가 각자 같은 크기의 빈 그릇을 하나씩, 온도계도 하나씩 준비합니다. 이와 별도로 큰 그릇 2개에 하나는 뜨거운 물, 나머지는 찬물을 담습니다.

2. 목표 온도를 20℃로 정한 다음 각자 자기 그릇에 국자로 뜨거운 물과 찬물을 적당히 섞어 최대한 목표 온도에 가깝게 만듭니다.

3. 뜨거운 물과 찬물을 섞은 물을 온도계로 재어 보고 목표 온도에 더 가깝게 만든 사람이 이깁니다.

4. 대결 형식이 아니라 함께 목표 온도를 만드는 형식으로 활동해도 좋습니다.

5. 목표 온도와 차이가 많이 나면 다시 시도해 보거나 목표 온도를 다시 정해서 활동해 보세요.

 **TIP** 온도계 활동의 목적은 온도를 정확하게 재는 게 아닙니다. 얼음이 둥둥 떠 있는 물도 실제로 온도를 재면 0℃로 내려가지는 않고, 끓는 물을 금방 부어서 재도 100℃가 되지는 않습니다. 늘 이렇게 사물을 직접 재어 보고 수량화해 보는 활동을 많이 한 아이는 뭐든지 가늠하고 계산해 보는 태도가 저절로 생기죠.

Part 03

23. 연습문제

해답 160쪽

01 다음 중 온도와 관계있는 상황을 골라 (　　) 안에 ○ 표시하세요.

❶ 냄비에서 김이 모락모락 난다. (　　)

❷ 모래가 햇빛에 반짝인다. (　　)

❸ 공이 데굴데굴 굴러간다. (　　)

❹ 갓 구운 빵이 따뜻하다. (　　)

❺ 후라이팬 위에 있는 고기가 지글지글 소리를 낸다. (　　)

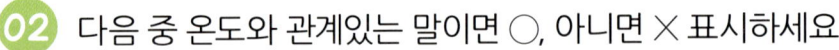

❻ 시원한 화채를 먹고 싶다. (　　)

❼ 가로수가 쭉쭉 뻗어 있다. (　　)

❽ 강아지가 꼬리를 살랑살랑 흔든다. (　　)

02 다음 중 온도와 관계있는 말이면 ○, 아니면 × 표시하세요.

❶ 부드럽다	❷ 차갑다	❸ 단단하다
❹ 따끈하다	❺ 쌀쌀하다	❻ 거칠다
❼ 반짝이다	❽ 환하다	❾ 편하다
❿ 무겁다	⓫ 길다	⓬ 시원하다
⓭ 뜨겁다	⓮ 포근하다	⓯ 미지근하다
⓰ 따뜻하다	⓱ 썰렁하다	⓲ 냉랭하다
⓳ 얼다	⓴ 녹이다	㉑ 맑다
㉒ 덥다	㉓ 춥다	㉔ 흐리다

03 다음 <보기>와 같이 온도를 재었습니다. 다음 물음에 답하세요.

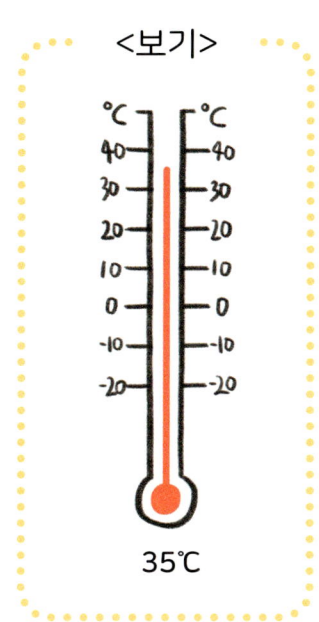

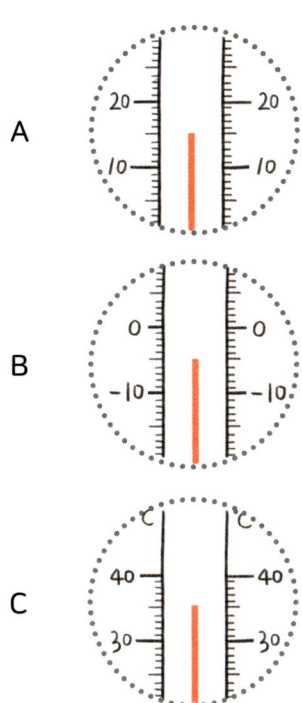

❶ 위의 온도계를 읽고 몇 ℃인지 괄호 안에 쓰세요.

　A: (　　　)　　B: (　　　)　　C: (　　　)

❷ 온도의 차이가 가장 큰 것을 고르세요. (　　　)

　① A와 B　　　② A와 C　　　③ B와 C

❸ 온도계 A, B, C의 온도가 10℃씩 내려간다면 각각 몇 ℃가 될까요?

　A: (　　　)　　B: (　　　)　　C: (　　　)

겨울에 일기 예보를 듣다 보면 "내일은 영상 몇 도까지 내려가서 매우 춥겠다, 모레 기온은 영상으로 올라갈 것이다."라는 말을 듣게 됩니다. 여기서 '영'은 물이 어는 점 '0도(0℃)'를 가리킵니다. '0'을 기준으로 눈금 온도가 올라가면 영상, '0'을 기준으로 눈금 온도가 내려가면 영하라고 말합니다. 영상과 영하 중에서 추운 쪽은 당연히 온도가 내려가서 추워지는 '영하'입니다. 영상 온도에는 플러스(+)를 굳이 붙이지 않지만, '0'도보다 내려가는 영하의 온도에는 앞에 마이너스(-)를 붙인다는 사실도 기억해 두세요.

04 어제 낮 최고기온은 18℃였고, 오늘은 어제보다 5℃ 올랐습니다. 오늘 낮 최고기온은 몇 ℃일까요?

05 오늘 낮 12시 서울의 기온은 24℃이고, 캐나다 토론토의 기온은 18℃입니다. 두 도시의 온도 차이는 몇 ℃일까요?

06 뜨거운 물의 온도가 85℃이고 차가운 물의 온도가 16℃입니다. 두 물의 온도 차이는 몇 ℃일까요?

07 어제 기온은 영하 3℃였고, 오늘 기온은 영상 3℃입니다. 어제와 오늘의 기온 차이는 몇 ℃일까요?

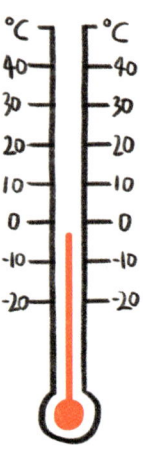

TIP 아이가 양수, 음수 개념을 미리 알고 있어야 '영하'의 온도를 이해한다고 생각하나요? 한겨울 오늘의 날씨를 검색하면 영하 몇 도에서 몇 도가 올라 영상 몇 도가 되었다거나 혹은 그 반대가 되었다는 뉴스가 계속 나오죠. 이런 뉴스를 접하는 아이들은 이미 음수와 양수의 개념을 자기도 모르는 사이에 익히고 있는 셈입니다.
어디 이뿐인가요? 지하 2층에서 지상 2층으로 올라가며 내가 총 몇 층을 올라갔는지 생각해 보는 것도 사실은 양수와 음수의 차를 계산한 거죠. 따라서 영하의 온도를 이용한 계산 문제가 나왔다고 해서 아이가 풀지 못할 이유는 없습니다.

08 단위는 우리 일상생활에 너무나도 깊숙이 그리고 광범위하게 자리잡고 있어서 그 존재 자체를 무심히 지나치기 쉽죠. 아이와 함께 아래 이야기 속의 (   )를 상황에 알맞게 채워 보세요. 아이뿐만 아니라 엄마도 우리가 얼마나 끊임없이 '단위'를 사용하며 살아가고 있는지 새삼 느끼게 될 겁니다.

마트에서

유치원이 끝나고 엄마랑 같이 마트에 갔습니다. 내일은 할머니가 오시는 날이라 살 게 많았거든요. 엄마가 쇼핑 카트에 물건을 하나씩 담으시네요. 소고기 (   )그램(g)짜리 두 팩, 오렌지 주스 (   )밀리리터(mL)짜리 두 병, 사과 (   )개가 들어 있는 사과 (   )봉지. 어이쿠, 이건 왜이리 무거워! 특가 판매하는 큰 수박 한 덩이는 (   )킬로그램(kg)이나 된다는데, 다음 달 첫 돌이 되는 내 동생 몸무게랑 똑같아요. 일주일 전부터 먹고 싶었던 고등어 (   )마리도 빼먹지 않고 쇼핑 카트에 넣었어요. 우리 아빠 팔뚝만 한 걸 보니 길이가 (   )센티미터(cm)는 되는 것 같아요. 엄마가 갑자기 소리를 칩니다. "큰일 났다! 태권도 학원에 (   )시까지 가야 하는데!" 엄마 휴대폰 시계를 보니 지금 시각은 오후 (   )시 (   )분. 아, 지금 가도 지각하겠네!

답지와 해설

연습문제와

불닭문제 풀이도 있어요.

PART 01 수학의 시작, 약속

1. 이런 것도 기호일까?

● 표지판도 말을 할까?   19쪽

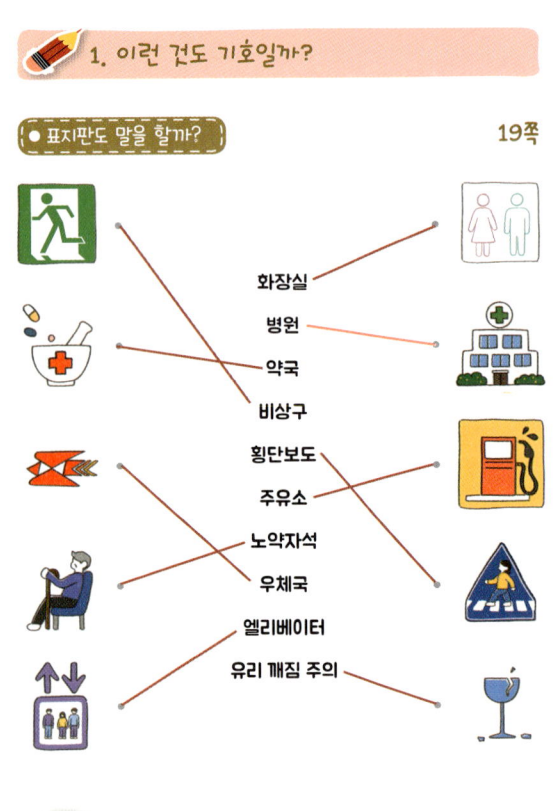

1. 연습문제   20쪽~

01

❶ (최고야!) ❷ (좋아~) ❸ (안 돼)

❹ (이겼다) ❺ (사랑해) ❻ (약속해)

02 ❶ 휴대폰 사용 금지
❷ 쓰레기통 사용

03 ❷

풀이: 시력에 장애가 있는 사람들이 손가락으로 더듬어 알아볼 수 있도록 만든 문자인 '점자'를 사용한다는 표시입니다.

04

사물					
간단히 표현한 것					
글자	日	月	木	山	人

2. 수와 숫자는 같을까?

● 간단히 하기   23쪽~

2.

좋아하는 과일을 4개 그려 보세요. 과일 종류는 많아도 되고, 한 가지 과일이어도 돼요.	좋아하는 장난감 5개를 그림으로 그려 보세요. 아래 두 개의 빈칸에 장난감 그림을 점점 더 단순하게 그려 보세요.
	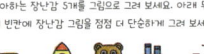
과일을 단순하게 그림으로 그려 보세요. 앞에서 살펴본 아이들 그림을 떠올려 보세요.	장난감을 단순하게 그림으로 그려 보세요.
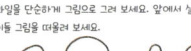	
위의 그림을 더 단순한 모양으로 그려 보세요.	위의 그림을 더 단순한 모양으로 그려 보세요.

그림으로 그린 과일의 수를 세어 '4'라는 숫자로 적어 보세요. **4**	**5**

4.

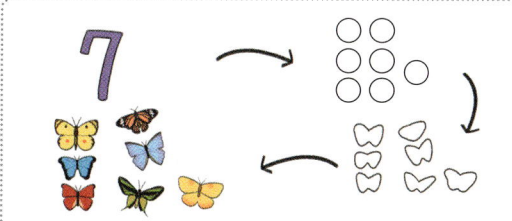

5.

양	목동	나무	구름	고슴도치	꽃	새
6	1	4	5	2	9	3

● 내 기호를 맞혀 봐!　　　　　　　　26쪽~

7.

사물	○	○○	○○○	○○ ○○	○○ ○○○
스스로 만든 기호	ⓖ	⋎	ⅉ	⌣	匝	⋿
숫자	0	1	2	3	4	5

 2. 연습문제

28쪽~

01

사물 이름	해파리	불가사리	해초	붉은 산호	갈매기	튜브	지느러미 달린 물고기
개수	6	3	10	4	1	2	5

02　❶ 3-6-5-9-10
　　❷ 10-9-6-5-3

03

5	✮✮✮✮✮
5	○○○○○
7	∕∕∕∕∕∕∕
7	△△△△△△△
8	ᗢᗢᗢᗢᗢᗢᗢᗢ

✏ 3. 기호야 놀자

● 더하기와 빼기 (+, −)　　　　　　　31쪽

5.

커졌다	+		나타났다	+
넓어진다	+		작아진다	−
좁아진다	−		사라졌다	−
동그랗다			내려갔다	−
올라갔다	+		재미있다	

TIP
'동그랗다', '재미있다'는 커지거나 작아지는 의미를 가지고 있지 않아 +, − 기호가 들어갈 필요가 없다고 설명해 주세요.

 **3. 연습문제**

34쪽

01
① +
② −
③ +, −

02
① =
② =
③ >
④ <
⑤ >
⑥ =

 4. 자릿수가 필요해

 **4. 연습문제**

40쪽~

01

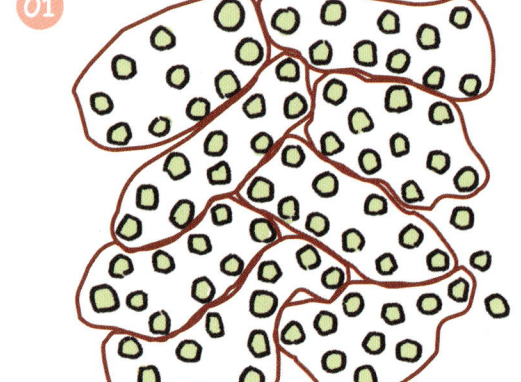

100	10	1	
●●●●●●●●	●●●		= (83)

02
① 100 | 10 | 1 → = (121)
     ●   ●●   ●

② 100 | 10 | 1 → = (113)
     ●   ●   ●●●

03
① 200　② 20　③ 2
④ 110　⑤ 101　⑥ 11

04

수	100	10	1
32 (보기)		○○	○○
203	○○		○○○
500	○○○○○		
401	○○○○		○
131	○	○○○	○
140	○	○○○○	
122	○	○○	○○
50		○○○○○	

<표>

수	필요한 알갱이 수	수	필요한 알갱이 수
32 (보기)	5	131	5
203	5	140	5
500	5	122	5
401	5	50	5

5. 연습문제

05
① 320 =
② 302 =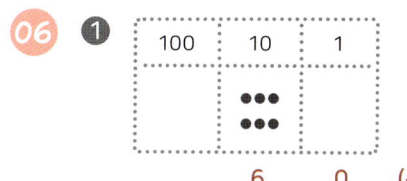
③ 19 =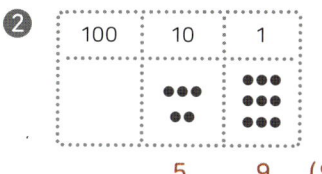

06
① 60 (육십)
② 59 (오십구)
③ 200 (이백)

07 298-101-29-12

08 73

5. 어이쿠 이것도 진법이네

Part 01 5. 연습문제

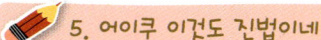

01
① 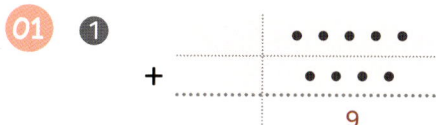 9
② 2 9

02
① 1 1
② 2 2

03
① 6 (1 1)
② 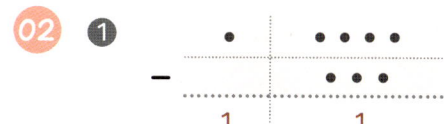 1 3 (1 1)

불닭문제

04
① 7 5 (2 9 9)
② 2 4 (2 1 0)

PART 02 창의성의 첫걸음, 연산

6. 색깔에도 연산이?

 Part 02 · 6. 연습문제

51쪽

01

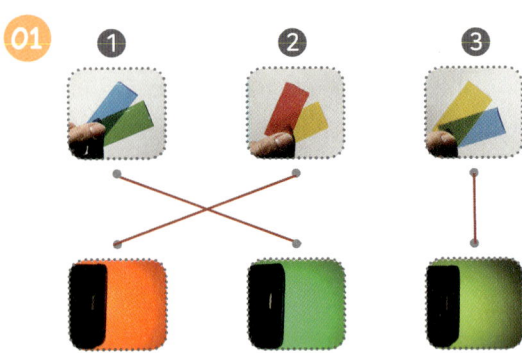

ㄱ   ㄴ   ㄷ

02 ② 빨강 + 흰색

03 빨간색

04 빨간색 셀로판지를 뺍니다.

05 검은색

7. 떠나볼까? 연산 여행

 Part 02 · 7. 연습문제

55쪽~

01
① 수레
② 물고기
③ 배

02 지우개 달린 연필

03 신발(부츠)

04 빵

05 티셔츠

06
① 가방 + 바퀴
② 김 + 밥 + 단무지 + 당근 + 햄 + 계란 ……
③ 전화 + 카메라 + 컴퓨터 ……
④ 고기 + 치즈 + 양념 - 물
⑤ 주스 - 물
⑥ 밀가루 반죽 + 소스 + 치즈 + 햄 + 양파 ……
⑦ 라면 + 떡볶이
⑧ 딸기 - 열

07
1. 우유, 7
2. 우유, 3

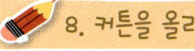
3. 물, 4
4. 팥, 5
5. 4

8. 커튼을 올리면?

Part 02 8. 연습문제
60쪽~

01

02
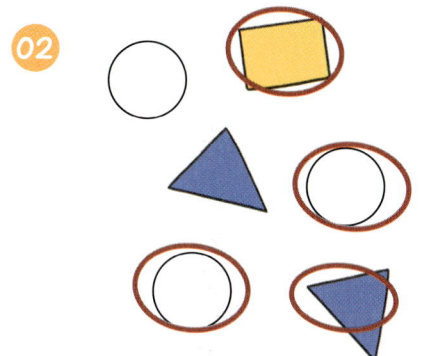

03 D, E, F

풀이: 다음과 같은 질문으로 아이의 생각을 유도해 주세요.
- 커튼 뒤에 있는 배우는 누구니? (A, B, C)
- 나중에 들어온 배우는 알 수 있니? (아니오)
- 커튼이 열린 후에 나타난 배우는 누구니? (A, B, C, D, E, F)
- 그럼 나중에 들어간 배우를 알려면 어떻게 하면 좋을까? (커튼이 열린 후 나타난 배우 중에서 처음 있었던 배우를 뺄면 됩니다. 이 원리를 아이가 발견할 수 있도록 유도해 주세요.)

A, B, C   +   ?   =   A, B, C, D, E, F
(커튼 뒤에 (나중에 커튼 뒤로 (커튼이 열렸을 때
 있던 배우들) 들어간 배우들) 나타난 배우들)

? = D, E, F

04 4, 5, 6

풀이: 다음과 같은 질문으로 아이의 생각을 유도해 주세요.
- 커튼 뒤로 들어간 숫자는 뭐지? (1, 2, 3)
- 나중에 들어간 숫자는 알 수 있니? (아니오)
- 커튼이 열린 후 나타난 숫자는 뭐지? (1, 2, 3, 4, 5, 6)
- 그럼 나중에 들어간 숫자를 알려면 어떻게 하면 좋을까? (커튼이 열린 후 나타난 숫자 중에서 처음 들어간 숫자를 뺄면 됩니다. 이 원리를 아이가 발견할 수 있도록 유도해 주세요.)

1, 2, 3   +   ?   =   1, 2, 3, 4, 5, 6
(처음 들어간 (나중에 들어간 (커튼이 열린 후
 숫자) 숫자) 나타난 숫자)

? = 4, 5, 6

05 3개

풀이: 다음과 같은 질문으로 아이의 생각을 유도해 주세요.

- 상자 안에 구슬이 몇 개 들어갔지? (5개)
- 나중에 본 구슬은 모두 몇 개지? (8개)
- 원래 상자 안에 구슬이 몇 개 있었는지 어떻게 알 수 있을까? (8 - 5 = 3)

상자 속 구슬 수 + 5 = 8
상자 속 구슬 수 = 8 - 5 = 3
상자 속 구슬 수 = 3개

 06

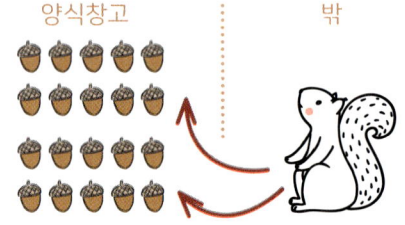

10 + 10 = 20   20개

07 도토리 22개

풀이: 다음과 같은 질문으로 아이의 생각을 유도해 주세요.

- 다람쥐가 무슨 일을 했니? (도토리 10개를 물고 밖으로 나왔어요.)
- 창고에서 도토리를 모두 물고 나왔니? (아니오, 10개만요.)
- 남은 도토리는 어디에 몇 개 있어? (창고에 12개요.)
- 물고 나온 도토리는 남은 거랑 같이 있었던 거야? (네.)
- 그러면 처음 창고에 있었던 도토리가 몇 개였는지 어떻게 하면 알 수 있을까? (물고 나온 것과 남아 있는 것을 더하면 처음에 있었던 수가 된다는 원리를 발견할 수 있도록 유도해 주세요.)

10 + 12 = 22

 08 양식창고

도토리 10개, 잣 7개

풀이:

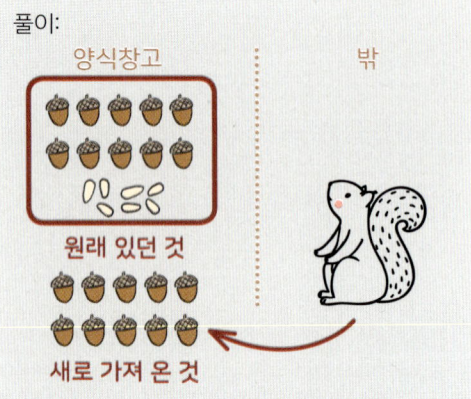

원래 있던 것

새로 가져 온 것

다음과 같은 질문으로 아이의 생각을 유도해 주세요.

- 다람쥐가 한 일이 뭐니? (양식창고에 도토리 10개를 물고 왔어요.)
- 그랬더니 양식창고에는 어떤 일이 일어났니? (도토리 20개, 잣 7개가 되었어요.)
- 다람쥐가 도토리를 물고 오기 전보다 많아졌니? 적어졌니? (많아졌어요.)
- 그러면 무엇이 얼마나 많아졌어? (도토리가 10개 더 많아졌어요.)
- 그럼 양식창고에 처음 있었던 것은 어떻게 하면 알 수 있을까?

☐ + 10 = 27, ☐ = 17

도토리 10개, 잣 7개

 **TIP**

답이 중요한 게 아닙니다. 문제를 푸는 과정을 이렇듯 촘촘하게 물어만 주면 아이가 생각하지 않고는 배길 수가 없지요. 무조건 가르치는 것보다 이렇게 물어 주는 것이 훨씬 더 잘 가르치는 것입니다.

9. 무엇이 있었을까?

Part 02 9. 연습문제
66쪽~

01

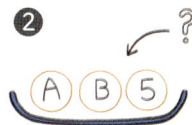 

02

① 처음에 들어 있던 것:

② 처음에 들어 있던 것: C D 6 8 A B

C D 6 8 + A B = C D 6 8 A B

TIP
남은 것에 뺐던 것을 더하면 처음 있었던 것이 됩니다.

03

처음에 들어 있던 것: 2 A C

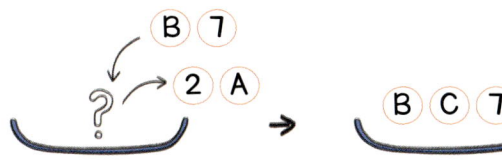

B C 7 − B 7 + 2 A =

? = 2 A C

TIP
남아 있는 것에서 맨 처음 넣었던 것은 빼고, 뺐던 것은 다시 넣으면 됩니다.

04

남은 것: 김밥 1줄, 초밥 1개, 과일 4조각

풀이: 처음에 있던 것에서 먹어서 없어진 것을 빼면 남은 것이 나옵니다.

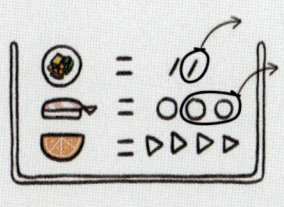

↓

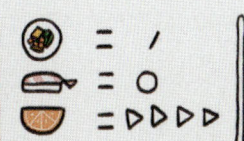

147

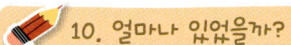 10. 얼마나 있었을까?

Part 02 | 10. 연습문제

72쪽

01

①

②

③

④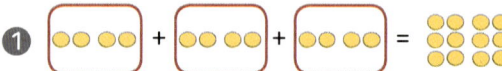

 02

①

②

03
- 🟢 = 6
- 🔺 = 12
- ⬠ = 18
- ▬ = 2

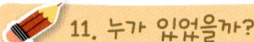 11. 누가 있었을까?

● 이야기 1　　　　　　　　　　　74쪽

원숭이네 집에 누가 있는지 이름표 두는 곳

★ 책 뒤쪽 〈활동지〉에서 동물 이름표를 오려서 놓아보세요.

● 이야기 2　　　　　　　　　　　75쪽

누가 있는지 이름표 두는 곳

● 이야기 3　　　　　　　　　　　76쪽

질문: 집 안에 있는 친구들은 모두 몇 명이지?
답: 4명

이름표 두는 곳

질문: 그럼 어디에 있는 친구가 더 많을까? 몇 명이 더 많지?
답: 마당에 있는 친구가 1명 더 많습니다.

148

● 이야기 4   77쪽

이름표 두는 곳

이긴 팀 / 진 팀

78쪽

2팀으로 만들기

3팀으로 만들기

4팀으로 만들기

Part 02 11. 연습문제

79쪽

01

사람 수	한 팀의 사람 수	팀 수	남는 사람 수
보기 12	2	6	0
12	3	4	0
12	4	3	0
12	5	2	2
12	6	2	0

02

사람 수	한 팀의 사람 수	팀 수	남는 사람 수
보기 24	12	2	0
24	8	3	0
24	6	4	0
24	4	6	0

03 불닭문제

사람 수	한 팀의 사람 수	팀 수	남는 사람 수
보기 25	2	12	1
25	3	8	1
25	4	6	1
25	5	5	0
25	6	4	1

149

04

사람 수	한 팀의 사람 수	팀 수	남는 사람 수
보기 36	4	9	0
36	5	7	1
36	6	6	0
36	7	5	1
36	8	4	4
36	9	4	0

12. 과자 속에도 수학이?

● 남은 수 구하기   83쪽

1. 17개
2. 14개
3. 12개
4. 8개
5. 22개
6. 19개

● 작용한 수 구하기   84쪽

1. ? = -13

   풀이: 13개를 먹었다.(나눠주다 등으로 다양하게 표현할 수 있습니다.)

2. ? = +2

   풀이: 2개를 더 가져왔다.(더 생겼다, 더 받았다 등으로 다양하게 표현할 수 있습니다.)

3. ? = + 0 또는 - 0

   풀이: 아무것도 하지 않았다.(그대로 두었다 등으로 다양하게 표현할 수 있습니다.)

● 처음 수 구하기   84쪽

1. 16개

   풀이: ? = -3-3-3 = 7 ← 사건이 일어난 순서
        -(3+3+3)
        -(3×3)

        7   7 + 3 + 3 + 3 = 16
        (남은 것) (먹은 것) (처음 있었던 것)

2. 15개

   풀이: ? = -4 - 4 = 7 ← 사건이 일어난 순서
        -(4+4)
        -(4×2)

        7   7 + 4 + 4 = 15
        (남은 것) (먹은 것) (처음 있었던 것)

3. 11개

   풀이: ? = -3-3+5 = 10 ← 사건이 일어난 순서

        10   10 + 3 + 3 - 5 = 11
        (남은 것) (먹은 것) (받은 것) (처음 있었던 것)

13. 이 소리가 뭘까?

 **Part 02** 13. 연습문제

87쪽

01

엄마	1	11	7	13	3	10	6
아이	14	4	8	2	12	5	9

150

02 17번

풀이: 12 + 5 = 17

03 엄마 6번, 아이 4번

풀이: 손뼉 수를 모두 그린 후 그중 엄마가 두 번 더 친 것을 먼저 표시합니다.

● ● ○ ○ ○ ○ ○ ○ ○ ○

남은 것을 엄마와 아이 것으로 둘로 나누면 이해하기 쉽습니다.

? + ? − 2 = 10
? = 6

04 16번

풀이: 4 × 4 = 16
4 + 4 + 4 + 4 = 16

14. 휙 지나간 게 뭘까?

Part 02 14. 연습문제

89쪽

01 14번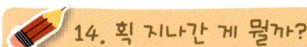

02 3번 반

03 두 번째 사람: ○○○○○○ 7번,
세 번째 사람: ○○○○○○○○○○ 10번,
네 번째 사람: ○○○○○○○○○○○○○ 13번

풀이:
두 번째 사람: 7번 ○○○○ + ○○○
= ○○○○○○○
4 + 3 = 7

세 번째 사람: 10번
○○○○○○○ + ○○○
= ○○○○○○○○○○
7 + 3 = 10

네 번째 사람: 13번
○○○○○○○○○○ + ○○○
= ○○○○○○○○○○○○○
10 + 3 = 13

04 첫 번째 사람: ○○ 2번,
두 번째 사람: ○○○○○○ 6번,
네 번째 사람: ○○○○○○○○○○○○○○ 14번

풀이:
두 번째 사람: 6번
○○○○○○✗✗✗✗
10 − 4 = 6

첫 번째 사람: 2번
○○✗✗✗✗ 6 − 4 = 2

네 번째 사람: 14번
○○○○○○○○○○ + ○○○○
= ○○○○○○○○○○○○○○
10 + 4 = 14

 15. 꼭꼭 약속해

Part 02 — 15. 연습문제

92쪽

01
- ① 19 — 풀이: 15 + 4 = 19
- ② 11 — 풀이: 10 + 1 = 11
- ③ 30 — 풀이: 15 + 15 = 30

02
- ① 3 — 풀이: 6 − 3 = 3
- ② 0 — 풀이: 20 − 20 = 0
- ③ 6 — 풀이: 15 − 9 = 6

 16. 난 누구게?

● 숨어 있는 수는?

95쪽

놀이 예시

사진과 같이 수 카드 0~9까지 카드 10장 중에서 9, 0, 7, 1, 2, 3이 펼쳐져 있고 나머지는 보이지 않게 엎어져 있을 경우 답은 다음과 같습니다.

1. 가장 큰 수: 8 / 가장 작은 수: 4
2. 5
3. 23 — 풀이: 4+5+6+8 = 23
4. 4개

● 내 짝꿍은 어디에 (보수 찾기)

96쪽

5.
1	2	7
1	3	6
1	4	5
2	3	5

풀이: 카드의 순서는 상관 없습니다.

Part 02 — 16. 연습문제

97쪽~

01
- ① (×) 풀이: 0부터 5까지의 수 카드는 총 6장입니다.
- ② (×) 풀이: 0부터 9까지의 수 카드는 총 10장입니다.
- ③ (○)
- ④ (○)

02
- ① 풀이: 1~5를 제외한 수 카드 7장이면 정답입니다. 왜냐하면 '6이 가장 작은 수'라는 조건이 있기 때문입니다.

예시

| 6 | 9 | 10 | 11 | 14 | 16 | 19 |

❷
풀이: 19, 20을 제외한 수 카드 7장이면 정답입니다. 왜냐하면 '18이 가장 작은 수'라는 조건이 있기 때문입니다.

예시

[1] [2] [5] [9] [15] [17] **[18]**

❸
[5] [7] [9] [11] [13] [15] [17]

❹
풀이: 가운데 수가 6이고 양쪽으로 무슨 수든 6보다 크거나 작게 3개씩만 놓으면 됩니다. 어느 쪽이 6보다 작아야 한다거나 커야 한다는 고정관념에서 벗어나세요. 사고의 자유로움을 느껴보도록 만들어진 문제입니다.

예시

[1] [3] [5] **[6]** [8] [12] [15]

03
5쌍

풀이: (0, 9) (1, 8) (2, 7) (3, 6) (4, 5).
(0, 9)와 (9, 0)이 다른가 염려 마세요. 조건은 '합이 9'일 뿐입니다.

04
예시

❶ [2] [3] [5]   ❷ [3] [1] [6]

❸ [1] [2] [7]   ❹ [4] [1] [5]

05

카드 3장으로 12 만들기	카드 4장으로 12 만들기
1 2 9 1 4 7 2 3 7 3 4 5	1 3 8 1 5 6 2 4 6
	1 2 3 6 1 2 4 5

06
❶ 5 ❷ 4 ❸ 4 ❹ 8

07
❶ [3] [6] [11] [20] [27]

❷ [27] [20] [11] [6] [3]

❸ [11]

08
❶ 19 ❷ 6 ❸ 1개

🔥불닭문제
09
[1] [13]

풀이: 먼저 5와 9의 차를 생각하게 해 주세요. 그리고 양 옆에 놓일 수에 그 차를 대입해 보도록 유도해 주세요.

[1] [5] [9] [13]
   +4 +4 +4

10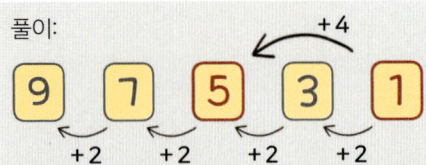

풀이:

먼저 빈 칸 5개를 그려 놓고 문제대로 1과 5를 써 넣은 후 차가 같게 하려면 1과 5 사이에 어떤 수가 들어가면 좋을지 수 카드를 넣어 보면서 찾아봅니다. 그 사이의 수가 3이라는 것을 알면 그 다음 7과 9는 쉽게 생각할 수 있습니다.

Part 02 — 17. 연습문제

103쪽

01

① 가장 큰 합: 17   풀이: 9 + 8 = 17

② 가장 작은 합: 1   풀이: 0 + 1 = 1

02 엄마의 승리   풀이: 엄마 6, 아이 0

03

① 한 사람이 카드 세 개로 만들 수 있는 가장 큰 수의 합은 20이 넘는다. (○)

풀이: 3장으로 만들 수 있는 가장 큰 수의 합은 9 + 8 + 7 = 24이기 때문입니다.

② 두 카드의 가장 큰 차는 10보다 크다. (×)

풀이: 9 − 0 = 9이기 때문입니다.

③ 카드 4장의 합으로 만들 수 있는 가장 작은 수는 6이다. (○)

풀이: 0 + 1 + 2 + 3 = 6

④ 가장 가운데 수는 6이다. (×)

풀이: 수 카드가 모두 10장이라 가운데 수가 나올 수 없습니다.

⑤ 가장 큰 수와 작은 수의 합은 11이다. (×)

풀이: 가장 큰 수 9와 가장 작은 수 0의 합은 9입니다.

⑥ 가장 큰 두 자릿수를 만들면 99이다. (×)

풀이: 하나의 수에 해당하는 카드가 1장씩이라 99는 만들 수 없습니다.

⑦ 세 번째 큰 수는 7이다. (○)

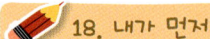

Part 02 — 18. 연습문제

105쪽

01

❶

선수 \ 회차	1회차	2회차	합계
아이	15	20	35
엄마	17	13	30
합계	32	33	65

❷ 2개

> 풀이: 숫자는 모두 30개인데 표시는 32개이므로 2개가 동시에 표시한 것입니다.
> 1차 합계 - 숫자의 총 개수 = 32 - 30 = 2

❸ 아이 7개

> 풀이: 20 - 13 = 7

02

❶ 7, 11, 13   풀이: 앞뒤 숫자와의 차가 2인 홀수

❷ 4, 8   풀이: 앞뒤 숫자와의 차가 2인 짝수

❸ 12, 3   풀이: 앞뒤 숫자와의 차가 3인 수

❸ 10개(3, 6, 9, 12, 15, 18, 21, 24, 27, 30)

❹ 20개(1, 3, 5, 7, 9, 11, 13, 15, 17, 19, 21, 23, 25, 27, 29, 31, 33, 35, 37, 39)

 19. 숫자 징검다리

 19. 연습문제

107쪽

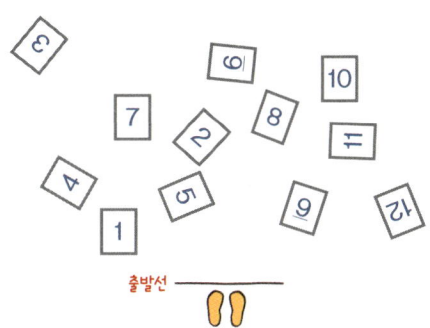

01 3

02 6번

> 풀이: 3 → 4 → 5 → 6 → 7 → 8 → 9 순서로 총 6번 뛰어야 합니다.

03 8

> 풀이: 출발점에서 5번을 거슬러 뛰어 봅니다.
> 출발점 → 12 → 11 → 10 → 9 → 8

04 7번

> 풀이: 출발점 → 2 → 4 → 6 → 8 → 10 → 12 → 출발점, 총 7번을 뛰어야 합니다.

05 7

> 풀이: 1 → 3 → 5 → 7

PART 03 단위로 이루어진 세상

 20. 단단줄자 출동!

● 단단줄자 만들기 111쪽~

5. ① 필기도구
8cm 8mm = (88) mm

② 큰 책
30cm = (300) mm

③ 머리 둘레
53cm 9mm = (539) mm

④ 커피포트 둘레
42cm 8mm = (428) mm

⑤ 컵
9cm 1mm = (91) mm

⑥ 서랍장
68cm 8mm = (688) mm

 20. 연습문제

115쪽

01

5mm	—
1cm	——
1cm 5mm	———
5cm 3mm	————————

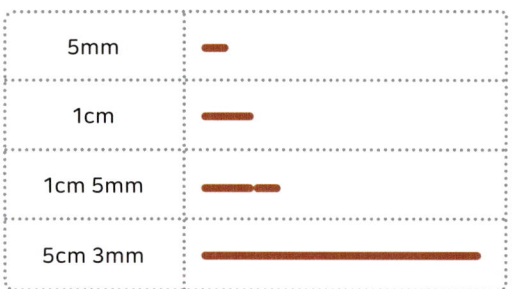

02 10mm

03 13개

04 30개

05 9cm 5mm

풀이: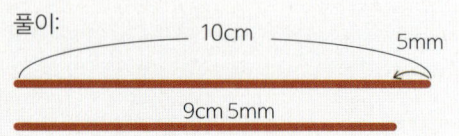

06 태호 (51cm 6mm)
채원 (51cm 5mm)

풀이:
태호 머리 둘레 = 유진이 머리 둘레(51cm 4mm)
+ 2mm = 51cm 6mm
채원이 머리 둘레 = 태호 머리 둘레(51cm 6mm)
− 1mm = 51cm 5mm

07 5개

풀이: 이 문제에서는 막대기가 4개면 모자라고 5개면 충분함을 직관적으로 느끼게 해 주세요. 그림으로 설명하면 다음과 같습니다.

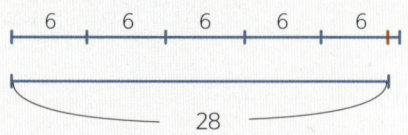

식으로 설명하면 다음과 같습니다.
28 ÷ 6 = 4 ···· 4
(몫) (나머지)

08 3cm 5mm

풀이: 18cm 5mm - 15cm = 3cm 5mm

09 20mm + 30mm = (5)cm

불닭문제
10

	5cm 더 길게	5cm 더 짧게	5mm 더 길게
보기 25cm 3mm	30cm 3mm	20cm 3mm	25cm 8mm
6cm 4mm	11cm 4mm	1cm 4mm	6cm 9mm
7cm	12cm	2cm	7cm 5mm
10cm 5mm	15cm 5mm	5cm 5mm	11cm

21. 누가 더 무거울까?

Part 03 21. 연습문제

122쪽

01
1. ✗
2. ○
3. ○
4. ✗
5. ✗
6. ✗
7. ✗
8. ○
9. ✗

02 100개 풀이: 1 × 100 = 100

03
- 그릇 개수 1개의 무게: **100g**
- 그릇 개수 2개의 무게: **200g**
- 그릇 개수 3개의 무게: **300g**

풀이:
그릇 1개: 100g
그릇 2개: 100 + 100 = 200
100 × 2 = 200
그릇 3개: 100 + 100 + 100 = 300
100 × 3 = 300

04 3개

풀이:
120 + 120 + 120 = 360
360 ÷ 120 = 3
360 - 120 - 120 - 120 = 0

TIP
자연스러운 해결 방법은 그릇을 하나씩 더해 보는 것입니다. 아이가 바로 나눗셈을 할 수 없어도 괜찮습니다. 큰 수가 나오더라도 당황하지 않고 반복해서 더하거나 빼며 문제를 해결하도록 유도해 주세요.

05 11g 풀이: 131 - 120 = 11

06 29g

풀이: 35 - 0 = 35
35 - 1 = 34
35 - 2 = 33 이처럼 하나씩 빼 보게 하세
35 - 3 = 32 요. 신기하게도 받아내림 개
35 - 4 = 31 념까지 이해하게 됩니다. 6계
35 - 5 = 30 단을 한 번에 뛰기는 어려워
35 - 6 = 29 도 한 계단씩은 쉽습니다.

07 엄마가 나보다 3g 더 정확하게 맞혔습니다.

풀이: 엄마의 오차: 55 – 49 = 6
나의 오차: 49 – 40 = 9

08 6개

풀이:

2 × 3 = 6
2 + 2 + 2 = 6

09 2마리

풀이:

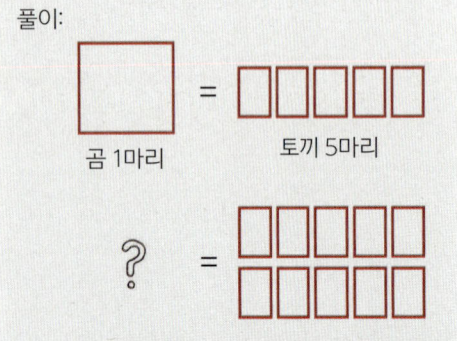

5 + 5 = 10 혹은 5×2=10이므로 곰 인형 두 마리와 토끼 인형 10마리의 무게가 같습니다.

22. 시간아 어딨니?

● 시계 읽기   128쪽

3.

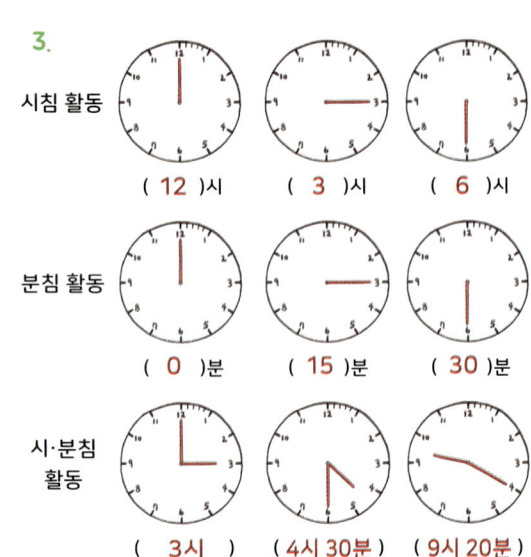

시침 활동 (12)시 (3)시 (6)시

분침 활동 (0)분 (15)분 (30)분

시·분침 활동 (3시) (4시 30분) (9시 20분)

Part 03 22. 연습문제

129쪽

01
① ×
② ×
③ ○
④ ×
⑤ ×
⑥ ○
⑦ ×
⑧ ×
⑨ ×
⑩ ○
⑪ ×

158

02 60초

03 70초
풀이: 1분(60초)+ 10초 = 70초

04 90초
풀이: 60초 + 30초 = 90초

05 1분 20초

06 1분 40초

07 15초
풀이: 2분 = 60초 + 60초 = 120초
1분 45초 = 60초 + 45초 = 105초
120 − 105 = 15

08 15초
풀이: 120초 + 15초 − 120초 = 15초

09 ❶ 8초 or 12초
풀이: 10 − 2 = 8
10 + 2 = 12
오차라는 건 주어진 수와의 차이를 의미하는 것이므로, 아이가 주어진 시간보다 먼저 손을 들었든 나중에 들었든 그 차이가 2이기만 하면 됩니다. 따라서 둘 다 답이 됩니다.

❷ 15초 or 25초

❸ 26초
풀이: 30 − 4 = 26

10 26초
풀이: 20 − 14 = 6 오차는 6초이므로
20 + 6 = 26

11 아이가 엄마보다 1초 더 정확하게 맞혔습니다.
풀이: 엄마의 오차: 20 − 17 = 3
아이의 오차: 22 − 20 = 2

12 ❶ 10시 30분
❷ 11시
❸ 3시
❹ 4시 45분
❺ 1시 30분
❻ 8시 10분

13

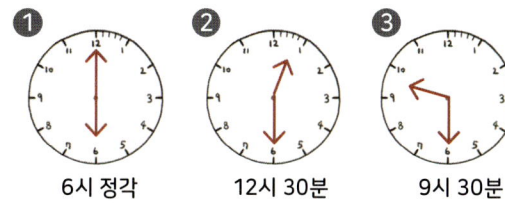

6시 정각   12시 30분   9시 30분

14 ❶ 240초   풀이: 60초 × 4 = 240초

❷ 40초

풀이:
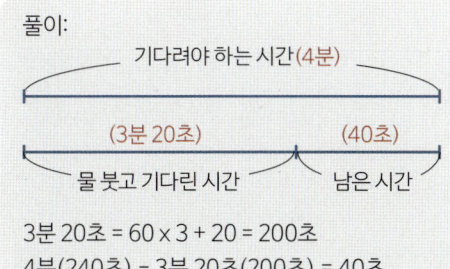

3분 20초 = 60 × 3 + 20 = 200초
4분(240초) − 3분 20초(200초) = 40초

23. 빨간 기둥의 비밀

Part 03 — 23. 연습문제

134쪽~

01 1, 4, 5, 6번에 ○표시합니다.

02

① 부드럽다 ×	② 차갑다 ○	③ 단단하다 ×
④ 따끈하다 ○	⑤ 쌀쌀하다 ○	⑥ 거칠다 ×
⑦ 반짝이다 ×	⑧ 환하다 ×	⑨ 편하다 ×
⑩ 무겁다 ×	⑪ 길다 ×	⑫ 시원하다 ○
⑬ 뜨겁다 ○	⑭ 포근하다 ×	⑮ 미지근하다 ○
⑯ 따뜻하다 ○	⑰ 썰렁하다 ○	⑱ 냉랭하다 ○
⑲ 얼다 ○	⑳ 녹이다 ○	㉑ 맑다 ×
㉒ 덥다 ○	㉓ 춥다 ○	㉔ 흐리다 ×

03
❶ A: (15℃)   B: (-5℃)   C: (35℃)

❷ ③ B와 C

풀이: A와 B의 차이는 20℃
B와 C는 40℃, A와 C는 20℃ 차이가 납니다.

❸ A: (5℃)   B: (-15℃)   C: (25℃)

04 23℃   풀이: 18 + 5 = 23

05 6℃

풀이: 24 - 18 = 6
18부터 세어 보게 하셔도 좋습니다. 받아내림을 무리하게 가르치려 하지 마세요.

06 69℃

풀이: 85 - 16 = 69
두 수의 차가 크지만 '85 - 10'부터 하나씩 해결하는 힘을 쌓아 보게 해 주세요. 그것이 느려 보여도 문제를 해결하는 큰 힘입니다.

07 6℃   풀이: 3 + 3 = 6

TIP
온도계의 눈금 칸이 몇 개 차이가 나는지 아이가 직접 세어 보게 해 주면 효과적입니다. 무리하게 마이너스 개념까지 가르치려 하지 마세요.

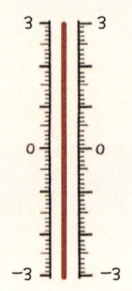

08 <활동예시>

마트에서

유치원이 끝나고 엄마랑 같이 마트에 갔습니다. 내일은 할머니가 오시는 날이라 살 게 많았거든요. 엄마가 쇼핑 카트에 물건을 하나씩 담으시네요. 소고기 (600)그램(g)짜리 두 팩, 오렌지 주스 (1000)밀리리터(mL)짜리 두 병, 사과 (7)개가 들어 있는 사과 (2)봉지. 어이쿠, 이건 왜이리 무거워! 특가 판매하는 큰 수박 한 덩이는 (9)킬로그램(kg)이나 된다는데, 다음 달 첫 돌이 되는 내 동생 몸무게랑 똑같아요. 일주일 전부터 먹고 싶었던 고등어 (1)마리도 빼먹지 않고 쇼핑 카트에 넣었어요. 우리 아빠 팔뚝만 한 걸 보니 길이가 (30)센티미터(cm)는 되는 것 같아요. 엄마가 갑자기 소리를 칩니다. "큰일 났다! 태권도 학원에 (3)시까지 가야 하는데!" 엄마 휴대폰 시계를 보니 지금 시각은 오후 (3)시 (30)분. 아, 지금 가도 지각하겠네!

활동지

동물 이름표(엄마표 놀이용)

이름표를 오려서 책이나 스케치북에 자리를 바꾸어 놓아 가며 수학 놀이를 해 보세요. 〈11번 누가 있었을까?〉편의 연계 활동이며, 이름표는 엄마와 아이용 두 세트입니다.

활동지

동물 이름표 색칠 페이지(아이용)

이름표를 좋아하는 색으로 칠한 후 가위로 오려 보세요. 책이나 스케치북에 자리를 바꾸어 놓아 가며 이야기 수학 놀이를 해 보세요.

* 자유롭게 그리고 색칠해 보세요

활동지

1~30까지 수 카드(엄마표 놀이용)

수 카드를 가위로 오려서 엄마표 수학 놀이를 해 보세요. <16번 난 누구게?>편의 연계 활동입니다.

1	2	3	4	5
6	7	8	9	10
11	12	13	14	15
16	17	18	19	20
21	22	23	24	25
26	27	28	29	30

활동지

1~30까지 수 카드 (아이용 카드)

좋아하는 색으로 숫자를 색칠한 후 가위로 오려 보세요. 본문의 수 카드 연습문제를 엄마와 함께 풀어 보세요.

1	2	3	4	5
6	7	8	9	10
11	12	13	14	15
16	17	18	19	20
21	22	23	24	25
26	27	28	29	30

추천의 글

■ 거창한 수학 교구들 없이도 집에서 온몸으로 아이와 놀면서 수학 활동을 하다 보니 아이와의 관계도 더 좋아졌어요. 수학 머리는 타고나는 거라고 생각했는데, 어릴 때부터 올바른 방법으로 꾸준히 수학 공부를 한다면 우리 아이도 수학머리 좋은 아이로 키울 수 있겠다는 자신감을 얻었습니다. 두매쓰 덕분이에요. - 최이수(6세) 엄마, 박연주

■ 저는 말 그대로 수포자였던 엄마예요. 그래서 일찍부터 아이의 수학 교육에 걱정이 많았습니다. 하지만 이 책에 나오는 활동을 아이와 함께 하나씩 하다 보니 연산, 사고력, 창의수학이 각각 분리된 것이 아니라 아이의 머릿속에서 활발하게 일어나는 모든 사고의 연결 과정임을 깨달았어요. - 권우성(초1) 엄마, 박정희

■ 두매쓰 학부모로서 좋은 건 선생님의 질문 방식이에요. 아이는 선생님의 질문이 재미있다고 표현하지만 제가 보기엔 단순하고 본질을 꿰뚫는 질문을 하신다는 생각이 들었어요. 요즘 아이를 보면 더 일찍 선생님을 만났으면 좋았을 걸 하는 후회를 하게 됩니다. - 사공미규(중2) 엄마, 박현정(초등교사)

■ 선생님 덕분에 아이가 수학을 다시 시작했다고 해도 틀린 말이 아니에요. 두매쓰 교재와 수업은 수와 숫자의 개념 차이부터 깨닫게 해 줍니다. 아이를 수학과 다시 친밀하게 만들어 주고 수학적 사고를 할 수 있는 아이로 성장하게 해 주었어요. "무조건 외워라, 원래 그런 거다"라는 말은 두매쓰 수업에 없더라고요. - 임동현·채원 엄마, 송선영(전 중등교사)

■ 엄마들은 혀가 굳기 전에 영어 교육을 받아야 한다고 강조합니다. 하지만 정작 뇌가 굳기 전에 제대로 된 수학 교육을 받는 것의 중요성은 놓치고 있다는 생각이 들어요. 어쩌면 우리에게 정말 필요한 것은 유행처럼 번져 필수로 자리 잡은 영어 유치원이 아니라, 아이의 사고력을 확장시키는 수학 유치원일지도 모릅니다. 생각이 열리고 가능성을 발견하게 하는 두매쓰를 진심으로 추천하고 싶어요. - 장태호(초3) 엄마, 윤한아

■ 장 선생님은 나의 초등 6학년 담임 선생님이다. 내가 기억하고 있는 선생님은 그때도 열정과 패기 그 자체였다. 지금 생각해 보면 선생님은 당시 대부분의 초등학교 교실에서는 볼 수 없는 획기적인 교육법으로 우리를 가르쳐 주셨다. 과학자가 되고 싶어 하는 제자의 꿈을 응원해 주셨던 그 옛날 선생님처럼, 이번에는 오랜 제자로서 선생님의 꿈과 열정을 힘껏 응원해 드리고 싶다. - 제자 임재현(환경공학 박사)

■ 처음 다닐 때는 질문 많고 생각할 내용 많은 두매쓰 수업을 따라가는 것조차 버거워했지만 지금은 아이가 두매쓰 가는 날을 기다립니다. 반신반의하며 보냈는데 사고력과 집중력이 점점 좋아지는 것을 직접 보니 아빠로서 신기하기만 합니다. 저와 비슷한 상황의 부모님들에게 이 책을 강력 추천합니다. - 전윤하·준현 아빠, 전배성(교육운영 기획자)

■ 아이의 속도에 맞춰 가르쳐 주신다는 점이 제일 좋았어요. 선생님 방식을 따라가다 보니 어느새 저도 아이도 수학을 보는 눈이 달라졌고요. 엄마로서 느끼는 더 큰 기쁨은 아이의 달라진 태도입니다. 소심하고 여리던 아이가 수학을 통해 어려워도 하나씩 부딪혀 보는 단단한 아이로 바뀌고 있답니다. - 이도근(초4) 엄마, 정현경(의학박사)

■ 두매쓰는 저희 아이를 초등학교에서 고등학교까지 12년 동안 믿고 보낸 곳입니다. 수업을 마치고 나온 아이는 늘 이렇게 말하곤 했어요. "엄마, 엄청 재미있어요." "다른 학원은 다 안 가도 괜찮은데, 여기는 가야 해요." 수학을 즐겁게 배우는 아이를 보면서 엄마로서 늘 고마운 마음이 들었어요. 좋은 만남 후에 알찬 열매까지 맺게 해 주셔서 진심으로 감사합니다. - 박수경(공인회계사) 엄마, 홍희정(초등 보건교사)